仮定法がわかれば，
英語に奥ゆかしさがでる!!

英語は仮定法だ

An Introduction
to the Subjunctive Mood
of English

西田　透
Tohru Nishida

開拓社

━━━ **本書で使用した記号・略語** ━━━

S＝主語　V＝動詞　C＝補語　O＝目的語
A＝付属詞，付属句，付加詞，修飾語句
( )　直前の語句の補足説明や省略可能などを示す
〔 〕　直前の語句との言い換え可能を示す
[ ]　補足説明・参照などを示す
　＝　直前の語句の意味内容を示す
〈 〉　特定のことを示したり，「　」内での説明に補足説明を加えていることを示す

仮定法を知って，
英語への感覚が高まる喜び

　仮定法というと，「もし」「さも～のごとく」を仮定法と考えている人が多い。それはまちがっているといっても，すぐには信じていただけないかもしれない。信じていただけないと思わざるをえないほど，多くの方々がそう信じこんでいるように思えてならないのである。しかし，まちがいはまちがいであるとしかいえない。仮定法とは，「もし」でもなければ「さも～のごとく」でもない。仮定法を正しく理解していただくことが本書の目的なのである。

　仮定法とは，高度なレベルの**感情移入**である。といっても，ピンと来ていただけないかもしれない。また，今すぐにピンと来ていただけなくても，それはそれでよい。ゆっくりゆっくり解説したいと思っている。

　いざ解説がはじまると，これまで知らなかったこと，気づいていなかったことがあるかもしれない。しかし，知らなかったことを知る，気づいていなかったことを再認識あるいは再確認するというところが楽しいのである。知識がふえる。知識が強化される。そこではじめて実践での運用能力が高まるのである。

　英語はじつに奥の深い言語である。**奥の深さ**を知って，英語にたいする感覚が高まる。感覚的に英語を実践できる

ようになる。仮定法を知ることが，まさにそのための大きなおおきな一歩なのである。

　本当の意味で仮定法を知っていただきたい。

1)　知る喜び
2)　再確認する喜び
3)　英語にたいする感覚が向上する喜び
4)　実践力が高まる喜び

　本書では，この4つの喜びを味わっていただきたいと思っている。

　かならず，英語がこれまで以上に楽しくなる。約束しておこう。

福岡市天神にて

著　者

も く じ

仮定法を知って，英語への感覚が高まる喜び　　　　　　　　　　*3*

第1章　直説法と仮定法　　　　　　　　　　　　　　　　　　*9*

まず，動詞の呼び名からはじめよう　　　　　　　　　　　　　*10*

母国人が知らないかもしれないことを知っておく　　　　　　　*12*

人に英語を教えてはならないのが実用英語の世界　　　　　　　*13*

運用能力がなければならないのが実用英語の世界　　　　　　　*15*

まず，「上級」についての基礎知識　　　　　　　　　　　　　*16*

「超級」では役立たないといってよい受験英語　　　　　　　　*19*

動詞（verbs）を考えることからはじめよう　　　　　　　　　*20*

動詞（verbs）と法（moods）の位置づけ　　　　　　　　　　*21*

法を moods とよぶ理由　　　　　　　　　　　　　　　　　　*22*

直説法，命令法，仮定法の意味　　　　　　　　　　　　　　　*23*

直説法と仮定法にある大きな違い　　　　　　　　　　　　　　*24*

直説法と仮定法。いずれも動詞 V_1, V_2, V_3, V_4, V_5　　　　　*25*

第2章　仮　定　法　　　　　　　　　　　　　　　　　　　　*31*

まず，仮定法 subjunctive の sub- に注目しよう　　　　　　　*32*

辞書による仮定法（subjunctive）の定義　　　　　　　　　　　*33*

定義を辞書で確かめる。そして「意味」を考える　　　　　　　*35*

感情が隠れているから奥ゆかしいのが仮定法　　　　　　　　　*37*

感情を表面に「出す英語」vs「出さない日本語」	*42*
隠された感情。直接いわないところに意義がある	*46*
仮定法がわかると英語が楽しくなる	*47*
自分の気持ちを大切にしながら話す仮定法	*49*
日本語の「敬語」は言葉そのものがちがう	*51*
一歩さがって逆をいう。だから、丁寧（ていねい）！	*53*
仮定法は不可思議にも奥ゆかしい。その理由	*55*

第3章　仮定法過去　　　*59*

壁にぶちあたることのないよう，思考の変身	*60*
下の思考で上を志向することのないように	*61*
直説法では，ずばり感情をいう (1)	*62*
直説法では，ずばり感情をいう (2)	*64*
仮定法では勇気をもって発想を転換する	*66*
仮定法過去という名の仮定法	*68*
仮定法では、いいたいことにとどめることがある	*68*
いいたいことだけにとどめる仮定法	*71*
接続詞（if）をトル	*72*
「静かにしなさい」も、いろいろ	*75*
Would you ...?　Could you ...? で使う仮定法	*77*
同じこと言い方変えていえる話者。それが上級	*83*
It's time .... で，if をトル	*85*
... would rather .... で，if をトル	*86*
意味合いが間接的で柔らかい might as well ～	*86*
might as well ～ では，つねに「森」を考える	*88*

might as well ～ は，むずかしく考えない	91
実用英語：「きちんと言えてナンボ」の世界	93
直説法を仮定法に置きかえるための条件	97
主節が先か，従属節が先か。考えながら対話する	100
どんどん会話で使おう仮定法過去	102
勇気をだして，思い切り発想の転換をしてみよう	106

第4章　仮定法過去完了　　　　　　　　　　　111

おだやかに語りかける助動詞 should	112
文の「主語」も考えながら話す仮定法	116
心で感じる，論理的に整理する。これが実用英語	118
ちょっとした仮定法。知って会話に幅がでる	120
どんどん会話で使おう仮定法過去完了	121
ためになる言葉。味わいながら実行する	125
直説法では感情をいう。仮定法ではいわなくてよい	127
隠れている感情そのものが文の意味	132
直説法と仮定法の間には，時制の一致がない	133
主語に仮定法の意味をにじませて，スッキリと	135
副詞句に仮定法の意味をにじませて，スッキリと	138

第5章　仮 定 法 未 来　　　　　　　　　　　143

やんわりとした口調で提案ができるよう	144
脅しは脅しでも口調がちがう。そこが重要！	145
基本は未来をいうから仮定法未来	146
それぞれ役割がちがう should を意識して会話する	148

日頃から会話で訓練しておく倒置文	*149*
感動しながら notice する。これがコツ	*150*

第6章 仮定法現在 *155*

仮定法現在もしょっちゅう会話で使っている	*156*
should をトル。それが仮定法現在の基本である	*157*
見えない聞こえない。しかし should は should	*159*
どんなときも口調がやさしい仮定法現在	*160*
規則や命令も仮定法現在でやさしくいおう	*163*
祈りの言葉に仮定法現在。これもよく使う	*164*
仮定法現在使ってみよう。奥が深くなる	*166*

これを機会に,さらに上をめざしてお励みいただきたい	*169*
付録:著者との「仮定法あれこれ」対談	*172*

第1章　直説法と仮定法

まず，動詞の呼び名からはじめよう

まず基本的なところからはじめよう。
基本文型には，

    I $S+V_1$
    II $S+V_2+C$
    III $S+V_3+O$
    IV $S+V_4+O+O$
    V $S+V_5+O+C$

という5文型がある。これは文章（texttype）を形成するために最低限度守らなければならない語順なのであるが，さらに高度な文章を考えるためにはこれに付属詞あるいは付属句（adjunct）をつけ加え，

    I $S+V_1$
    II $S+V_1+A$
    III $S+V_2+C$
    IV $S+V_3+O$
    V $S+V_3+O+A$
    VI $S+V_4+O+O$
    VII $S+V_5+O+C$

という7文型で文章の基本文型を考えることがある。なお，5つの文型による分類，7つの文型による分類のいずれにせよ，ここにある文型を使い，いわゆる「単文」とよばれる文章を中心に英語が話せる話者を「中級」という。

ところで，5つの文型による分類，7つの文型による分類を問わず，重要なことはそれぞれの文には動詞があるということである。これは当然至極なことなのであるが，(話しながら)ときどき動詞を言い忘れる話者がいる。文型が単文であるときに動詞を言い忘れると major error[1] となり，「初級」あるいは「初級の兆候」とみられるため，動詞を言い忘れることのないように心がけよう。

それはさておき，上の動詞にはそれぞれ名前がついている。そこから整理しておこう。

V_1　完全自動詞（complete intransitive verb）
V_2　不完全自動詞（incomplete intransitive verb）
V_3　完全他動詞（complete transitive verb）
V_4　授与動詞（dative verb）
V_5　不完全他動詞（incomplete transitive verb）

専門用語（文法用語）を覚えることを苦手とする人がいる。よく似た言葉がつづくため覚えにくいところがあるかもしれない。しかし，専門用語を知っているととても便利であることが多い。上にあげた（5つの文型，7つの文型にあるそれぞれの）動詞の呼び名をまず覚えていただこう。

---

[1] 誤り（errors）を大別すると，major errors, minor errors に分類できる。当該誤りが前者・後者のいずれに属する誤りであるかはレベルにより異なるが，単文において動詞を言い忘れるという誤りは「初級」と判断せざるをえない major error である。

母国人が知らないかもしれないことを知っておく

　本書で扱おうとしている話題は「仮定法」という特殊な分野である。仮定法にたいして「直説法」という分野がある。英語では，前者を subjunctive mood，後者を indicative mood とよぶが，この二つの用語にしろ専門用語なのである。

　話はかわるが，highly educated native speakers of English（今後この方々を「英語を母国語とする人たち」，あるいは修飾語を省略して「母国人」とよぶ）の運用能力を「超々々級」[2] というが，もしかするとこの方々は先のような専門用語をご存じでないかもしれない。また本書で扱おうとしている「仮定法」，「直説法」という用語についてもご存じでないかもしれない。だからといって，この方々の運用能力あるいは知性が低いということにはならないのは当然至極のことである。

　日本語においては「超々々級」である私たちにも分野によっては知らない言葉があるかもしれないし，知らなくてもそれはそれなりに日本語が完璧にしゃべれるのである。この場合，日本人が昔学校で習った日本語の文法用語を忘れてしまったようなものであると考えてよいだろう。

---

[2] 口頭運用能力（oral proficiency）は大別して，「超々々級」を最高レベルとし，下にむかって「超々級」，「超級」，「上級」，「中級」，「初級」という6段階に分類されている。

ただし，外国人については様子が異なってくる。母国人にとってそれほど重要でない用語や考え方などをふくめ，数多くの事柄を知っていただかなければならない。それが外国人に課せられた外国語あるいは第二言語学習上の責務であると心していただきたいのである。

人に英語を教えてはならないのが実用英語の世界

　本書で扱おうとしている「仮定法」という話題は「超級」という高いレベルの話題である。それをできるかぎりわかりやすく解説したいと思っている。
　昔こんなふうにいう大学受験生がいた。
　「ぼくは仮定法が得意なんです。仮定法は公式に当てはめるだけのことですから。仮定法だけは，ぜったい自信があります。」
　これを機会に，受験英語と実用英語の大きな違いを二つばかり話しておこう。
　第一の違いは，実用英語においては「人に英語を教えない。」，「教えてはならない！」，「Don't teach!」という鉄則が存在することである。
　私たち日本人が外国人の方々と日本語で会話をするとしよう。もしかすると，外国人の方々の日本語にはあちこち問題があるかもしれない。しかし，それをいちいち指摘してはならないのである。教えてよい人は，日本語教師かそ

の方々の親にかぎるといってよい。日本語教師でもない、まして親でもない私たちがその方々の話し方をとやかくいうのは、その方々にたいして大変失礼なことであると心していただきたい。ようするに通じればよいのである。運用能力が高いレベルの日本語を話していらっしゃる方かもしれない。低いレベルの日本語であるかもしれない。運用能力が高い低いはどうでもよい。ようするに通じる日本語であればよいのである。また、日本語における運用能力のレベルによって、その方々の人間性あるいは知性を判断することがあってはならない。運用能力と人間性あるいは知性は（初級、中級、および上級の一部にかぎり）まったく無関係なのである。

　英語についていうならば、一般に母国人の方々は私たちが話す英語についての誤りをいちいち指摘しない。それはけっして母国人の方々が不親切であるからというわけではない。私たちの英語運用能力のレベルを尊重し、その上で私たちと会話してくださっている。それが実用英語の世界なのである。逆にいえば、教えてもらえないからこそ、うかうかしているといつまでたっても上達しないのが実用英語の世界であることも考えておかねばならない。それだけに、もし誤りを指摘してくださる母国人がいるとすれば、そうした指摘にたいしては特に感謝しながら真剣に耳を傾けていただきたいと思うのである。

　冷たいように聞こえるかもしれないが、実用英語とは「相手にいちいち英語を教えない」という世界なのであ

る。

運用能力がなければならないのが実用英語の世界

　受験英語と実用英語について，第二の違い。それは，前者は「knowledge」そのものであるのにたいして，後者は「proficiency」中心の世界であることである。これについて簡単に解説しておこう。

　実用英語とは，ようするに実践でどれだけ運用できる能力をそなえているかどうかが重要な世界である。「実践運用能力」，これを proficiency という。「初級」の話者には実践運用能力が欠如している。そのためこのレベルを No proficiency level とよんでいる。「中級」というレベルの話者から実践運用能力がつきはじめる。ごくごく簡単にいうと，中級では「proficiency」のみの実践運用能力といってよい。これにたいして，「上級」および「超級」では「knowledge＋proficiency」という組み合わせであるといってよい。とにかく実用英語とは，（初級というレベルをのぞき）つねに実践運用能力（proficiency）が重要視される世界なのである。また，ついでではあるが，knowledge のレベルを測定する試験を achievement test とよんでいる。これにたいして，proficiency を中心に運用能力を測定する試験を proficiency test とよんでいる。これもこれを機会に覚えておこう。

まず,「上級」についての基礎知識

　受験英語の世界では,〈仮定法が得意〉〈公式に当てはめるだけのこと〉〈仮定法だけは,ぜったい自信があります〉という思考はあってもかまわないのだろう。むしろその方がよいのかもしれない。しかし,実用英語の世界では〈仮定法が得意〉である必要はない。よく考えてみると〈公式〉らしいものがあるのかもしれないが,〈仮定法だけは,ぜったい自信があります〉という類の自信があってはならない。過信につながり,もしかすると仮定法の乱用にもつながりかねないからである。

　ところで先に,仮定法とは「超級」という高いレベルの話題であるといった。(本書では超級からみたときの違いにすぎないのではあるが) ここで「上級」と「超級」の違いを一つ簡単にお話ししておこう。

　「上級」というレベルでは,「大学受験のための英文法」がかなり役に立つ。しかし,「超級」というレベルでは「大学受験のための英文法」が,もしかするとあまり役立たない(かもしれない)。これがその違いなのである。

　そもそも本書は「上級」を語ろうとするものではないため,「上級」について話題を展開すると話がそれてしまう。そのため詳しく言及することはできないが,「大学受験のための英文法がかなり役に立つ」の〈かなり〉についてこれを機会に少しお話ししておこう。

「上級」においては，まず「文法」について詳しい知識と運用能力（knowledge＋proficiency）がなければならない。しかし，ここでいう知識とは「文法」にかぎったものではないことを認識していただきたいのである。「上級」で求められる分野に「文体（texttype）」という分野があるが，これは二つの項目より構成されている。一つは「文法」，もう一つが「段法」（とよんでよいだろう）という項目である。

「文法」とは，文をつくるための約束事といってよい。ただし，ここでいう「文」とは単文（simple sentences），重文（coordination）をいうのではない。複文（subordination）を中心とする展開でなければ上級にはなれないことを知っていただきたい。ただし，なぜ複文（subordination）でなければならないかについては，本書では省略する。

「段法」とは，段落をつくるための約束事である。「文法」による約束事にもとづいてできあがった文章をどの順序で展開するかというのが「段法」なのである。ただし，ここでいう段落とは日本語でいう〈起承転結〉という順序で展開する"段落"ではない。英語における段落（paragraph discourse）を，日本語の〈起承転結〉という"段落"と混同することがあってはならない。

「文法」について高度な知識（複文の知識）をもつ人は多い。ただ，そうした高度な知識を実践できず，単文や重文にたよりながら運用する話者を「中級」という。これに

たいして,「上級」とは高度な文法の知識（複文の知識）はもちろんのこと,段法の知識（段落の知識）がなければならず,さらに両者（複文と段落の知識）を実践で運用できることを証明しなければならないのである。

ところで,日本では「文法」を教えているが,「段法」は教えない。そもそも「段法」という言葉すらない。理由は簡単である。日本語における英語教育とは,あくまで「外国語としての英語」なのである。英語が「外国語」という範ちゅうであるかぎり,そこから産まれる話者は最高でも「中級」であればよい。これにたいして,英語を「第二言語」として教育しようとする場合にはそうはいかない。最低でも「上級」,できれば「超級」というレベルなのである。さらに「超級」をめざすためには,確実に「上級」という実践運用能力を保持しておらねばならず,そのため「第二言語」として英語教育をおこなう諸外国において「段法」とは,むしろ「文法」よりも重要視されているといってよいだろう。

日本においては,英語を「外国語」として教えつづけるのがよいか,あるいは「第二言語」として教えるべきかを論じようとしているのではない。ただ,文法絶対主義,文法中心主義という考え方があるとすれば,上のレベルにおいてそれは確実に間違っていることを認識していただきたいと思うのである。

「超級」では役立たないといってよい受験英語

　このあたりから，ゆっくり本論にはいっていこう。

　先に，「超級というレベルにおいては，大学受験のための英文法はもしかすると役立たない（かもしれない）」といった。まず，ここからはじめよう。

　「文法」に関連し，「超級」というレベルでまず欠かすことができない課題に「英語における数意識」がある。その基本が「冠詞」である。パキスタン人の方で，ただ一つ「冠詞」についての知識と運用能力が欠如しているために「超級」になれなかった人を私は知っている。「上級上」というこの話者が「超級」というレベルの話者になるためには，「冠詞」，つまり「英語の数意識」[3]を深く思考し，実践運用能力を身につけなければならないのである。日本の「大学受験のための英文法」には，まずこの課題に関する思考（知識）が欠如している。

　たしかに，各文法書には「仮定法」についての指摘がある。しかし，どうも〈仮定法は公式〉という概念でとらえているにすぎないようなふしがある。ようするに「仮定法」をよく理解していないといってよいだろう。

　「冠詞」にしろ，「仮定法」にしろ，いわゆる「大学入試のための英文法」には超級レベルの思考が完全に欠如して

---

[3]「英語の数意識」については，拙著『英語は冠詞だ』（開拓社）を参照されたい。

いる，といってよい。だから，「このレベルでは，もしかすると受験英語の文法書は役立たない（かもしれない）」というのである。

ただ，先にも述べたとおり，日本の英語教育が「中級」を産みだすことを目的とする英語教育体制であるからして，こうした現状は仕方がないことなのかもしれない。しかし，だからといって，それに甘んじることがあってはならないと思うのである。

動詞（verbs）を考えることからはじめよう

ところで，冒頭で述べた，

V_1　完全自動詞（complete intransitive **verb**）
V_2　不完全自動詞（incomplete intransitive **verb**）
V_3　完全他動詞（complete transitive **verb**）
V_4　授与動詞（dative **verb**）
V_5　不完全他動詞（incomplete transitive **verb**）

について考えてみよう。

ここで注目していただきたいのが **verb** という言葉である。通常，「動詞」といえば，上のように **verb** という英単語を用いてその種類を考える。これはこれでよい。上のように5種類の動詞（**verbs**）があるのである。

中級，上級，超級の話者はすべて上の **verbs** を使って

会話する。ただし，中級の話者は単文，重文を中心とする文体（texttype）の中で上の **verbs** を使って会話する。上級の話者は複文中心の段落（paragraph discourse）という文体（texttype）で話題を展開しながら上の **verbs** を使って会話する。超級の話者は段落と段落を組み合わせた大きな段落（extended paragraph discourse）で話題を展開させながら上の **verbs** を使って会話する。初級をのぞくすべてのレベルで各話者が上に列挙した **verbs** を使って会話しているのである。

ただ一つ（というと語弊はあるが）注目しなければならない大きな違いがある。それは，上で列挙した **verbs** の使い方について，「超級」の話者は「中級，上級」の話者とは異なった使い方をするということである。

「中級，上級」の話者は上の **verbs** を「直説法」や「命令法」とよばれる動詞として用いるのにたいして，「超級」の話者は上の **verbs** を「直説法」や「命令法」以外に，「仮定法」とよばれる動詞として用いることができ，それも自由自在に，且つ正確に使い分けながら話題を extended paragraph discourse という texttype で展開できる実践運用能力（proficiency）をそなえているのである。

動詞（verbs）と法（moods）の位置づけ

ところで，

動詞 （**verbs**） V₁, V₂, V₃, V₄, V₅	直説法 （indicative mood）
	命令法 （imperative mood）
	仮定法 （subjunctive mood）

上の表で示すとおり，直説法，命令法，仮定法を総称して動詞とよぶ。さらに，その動詞を分類すると先に述べたとおり，V_1, V_2, V_3, V_4, V_5 という分類になる。

つまり，何々法（moods）とよばれる動詞（verbs）の中に，それぞれ何々動詞（V_1, V_2, V_3, V_4, V_5）という動詞があるのである。まず，こうした位置づけをしっかり理解することからはじめなければならない。

法を moods とよぶ理由

ところで，

動詞 （verbs）	直説法 （indicative **mood**）
	命令法 （imperative **mood**）
	仮定法 （subjunctive **mood**）

日本語では何々法とよばれている動詞について，英語ではそれを **mood** とよんでいる。なぜこれを **mood** とよぶのだろうか。そこのところを考えることにしよう。

辞書で mood を調べてみると，the way you are feeling

at a particular time と定義[4]されている。つまり，（現在論じようとしている話題についていえば）「話者が言葉を発しようとしている，あるいは発している時点での**感情**」を意味するのが mood という言葉なのである。

つまり，何々法でいう **mood** とは，まさしく「発話しようとしている，あるいは発話している話者の**感情**」をさしている。悲しみの感情，怒りの感情，喜びの感情など，人間にはいろいろな感情がある。この感情を考慮しながら動詞を分類するために用いられている言葉が **mood** という言葉なのである。

直説法，命令法，仮定法の意味

次に日本語の言葉を解説しておこう。

「直説法」とは，感情を**直接的**に表現するときに用いる動詞である。

「命令法」とは，感情を**命令的**に表現するときに用いる動詞である。

「仮定法」とは，感情を**間接的**に表現するときに用いる動詞である。

すなわち，「直説法」は「感情直接表現動詞」，「命令法」は「感情命令的表現動詞」，「仮定法」は「感情間接表

---

[4] *Oxford Advanced Learner's Dictionary*（第6版）より引用。

現動詞」あるいは「感情婉曲的表現動詞」というとわかりやすい（？）のかもしれない。

ところで，「命令法」については，「直説法」の一種と考えることができるため，本書では，

動詞（verbs）	直説法（indicative mood）
	仮定法（subjunctive mood）

という分類で話を進めていくことにする。

直説法と仮定法にある大きな違い

話はかわるが，「木下さん」，「中村さん」など，人の名前について考えてみよう。「木下」という人は「木下という名前の人」であり，「木の下に住んでいる人」ではない。「中村」という人は「中村という名前の人」であり，「村の中に住んでいる人」ではない。

同じように，「直説法」とは，**感情を直接表現**するときに用いる動詞」であり，「直接何かを唱える，あるいは説法するための方法」ではない。「仮定法」とは，「**感情を間接的に表現**するときに用いる動詞」であり，「"もし〜"などと仮定する方法」ではない。名前により，人を判断したり，何かの概念を判断するようなことがあってはならない。名前ほど重要なものはない。しかし，名前はあくまで名前にすぎないのである。

本論にもどろう。

直説法,仮定法というそれぞれの動詞がもつ特徴を考えてみることにしよう。

indicative (mood)	plain, blunt
subjunctive (mood)	polite, tactful

直説法（indicative mood あるいは indicative）という動詞により表現した**感情**は,「味気なく（plain）」,「別にあなたとお友だちでなくてもいいのです（blunt）」という感情である。

仮定法（subjunctive mood あるいは subjunctive）という動詞により表現した**感情**は,「丁寧で（polite）」,「今後もあなたと友人関係を継続したい（tactful）」という感情である。

この差は大きい。仮定法という動詞を考察するにあたっては,まずこの差をしっかり頭に入れておいていただきたい。

直説法と仮定法。いずれも動詞 V_1, V_2, V_3, V_4, V_5

上達するコツ。それは当たり前のようなことを,一見面倒くさいようにも思える過程をとおしてでも,一つひとつ

notice[5] するかしないか，できるかできないかにかかっているといってよい。

次の英文[6]より**直説法**（太字イタリック体）を選び，ついでに各動詞を V_1, V_2, V_3, V_4, V_5 に分類してみよう。

Florence Nightingale, a British woman, was ***born*** (V3) in Italy in 1820 and ***grew up*** (V1) in Britain. Her family ***was*** (V2) rich and ***had*** (V3) several large houses in different parts of Britain. Florence didn't ***go*** (V1) to school, but instead, her father ***was*** (V2) her teacher at home.

Florence's parents ***hoped*** (V3) that she would ***marry*** (V1) and ***become*** (V2) a good wife and mother. But, at the age of 17, she ***had*** (V3) a dream about helping other people. Some years later, she ***decided*** (V3) to become a nurse. Her parents ***were*** (V2) angry because they ***thought*** (V3) it ***was*** (V2) too hard for their daughter. But Florence finally ***began*** (V3) working as a nurse in 1853 in a small London hospital. She ***was*** (V2) 33.

Florence ***enjoyed*** (V3) her job and ***worked*** (V1) hard. At that time, Britain ***was*** (V1) in a war. So, in 1854, she ***traveled*** (V1) to Turkey with 38 other nurses to take care of sick and injured soldiers. She ***was*** (V2) very kind and friendly to the soldiers, so she soon ***became*** (V2) very

---

[5] notice ＝ to become aware of sb/sth （*Oxford Advanced Learner's Dictionary* による定義より）

[6] 実用英語検定三級（2001 年第 2 回検定一次試験より）

popular. Every night she ***worked*** (V1) very late. She ***walked*** (V1) around the hospital with a lamp. So the men ***called*** (V5) her "The Lady with the Lamp."

Her story later ***became*** (V2) famous all over Britain and ***changed*** (V3) many people's ideas about nurses. Before Florence ***began*** (V3) working as a nurse, hospitals ***were*** (V2) dirty, crowded places. She ***bought*** (V3) beds and clothes for the sick people, and ***started*** (V3) training nurses. With Florence's help, hospitals ***became*** (V2) better places for everyone. After hearing about Florence Nightingale, many young women ***wanted*** (V3) to become nurses, too.

次の英文[7]には，仮定法がいくつかふくまれている。仮定法だけではない。本書では直説法の一部として考えている命令法も一つふくまれている。**命令法**（イタリック体），**直説法**（太字イタリック体）および**仮定法**（太字）を選び，ここでもついでに各動詞を V_1, V_2, V_3, V_4, V_5 に分類してみよう。

Imagine (V3) a satellite moving through space, carrying messages and information from millions of people on Earth. If this satellite **came back** (V1) to Earth thousands of years from now, it would **be** (V2) a time

---

[7] 実用英語検定準二級（2001年度第2回検定一次試験より）

capsule—a source of information that could **teach** (v3) future generations about the past. This image will soon **become** (v2) a reality when the KEO satellite is **sent** (v3) into space in 2003. A French artist, Jean-Marc Philippe, **came up** (v1) with the idea of creating a time capsule that would **carry** (v3) information about the world today. French scientists and engineers are now **working** (v1) on the project.

Anyone can **send** (v3) written messages on any topic for KEO to carry, either by e-mail or regular mail. Special computer disks will be **used** (v3) to record this information and then **placed** (v3) on KEO when it is **sent** (v3) into space. People in over 120 countries have already **sent** (v3) millions of messages in many different languages for the project. This may **help** (v3) people in the future to better understand the variety of languages spoken in the 21st century.

KEO will be **sent** (v3) into space aboard either a Russian or a French rocket. The satellite will be **placed** (v3) into a 1,800-kilometer-high orbit, and it will probably **take** (v4) KEO about 50,000 years to fall back to Earth. If it does **make** (v3) it safely back to Earth, what will the people of the future **think** (v1) of KEO? We cannot **be** (v2) sure, but one thing **is** (v2) certain—the technology in 52,003 will **be** (v2) far more advanced than we can even ***imagine*** (V1) today.　The creators of the satellite ***hope*** (V3) that future generations will ***be*** (V2) able to learn from KEO about our life in the early 21st century.

　直説法（命令法をふくむ）は，直説法という名の動詞である。これと同様に仮定法も，仮定法という名の動詞なのである。このことを，まずしっかり把握しておこう。

第2章 仮定法

まず，仮定法 subjunctive の sub- に注目しよう

仮定法は，

仮定法 (**sub**junctive (mood))	仮定法過去
	仮定法過去完了
	仮定法未来
	仮定法現在

仮定法過去，仮定法過去完了，仮定法未来，仮定法現在の4つの仮定法に分類することができる。拙著『(旧) 英語は仮定法だ』(石風社) では仮定法未来を仮定法現在の一部として話をすすめたのであるが，本書では仮定法未来と仮定法現在をそれぞれ別個にあつかい，上のとおり計4つの仮定法に分類して考えたいと思っている。

何々法というときの「法」を英語では mood というが，その理由は先の章で述べたとおりである。ここでは，仮定法とよばれる動詞 (mood) を，なぜ **sub**junctive というかについて考えることからはじめよう。

subjunctive という言葉を形容詞として用い，仮定法のことを subjunctive mood といってもよいし，subjunctive を名詞として用い，仮定法のことを subjunctive といってもよい。どちらでもよいが，問題はなぜ **sub**junctive というのであろうか。これを考えたいと思うのである。

とはいうものの，何もむずかしいことではない。ようす

るに,

「何かを隠しながら (**sub**-) 次につないでいく (-junctive) 動詞 (mood)」

という意味であるのが, **sub**junctive であり **sub**junctive mood なのである。ただそれだけのことであり, それ以外に深い意味はない。問題はむしろ,

「では, 一体何を隠しながら？」

ということである。何かが隠れている。何が隠れているのだろうか。これを考えることが, 仮定法 (**sub**junctive (mood)) における最重要課題であるといってよいだろう。

辞書による仮定法 (subjunctive) の定義

先の章で, 仮定法とは,

「感情を間接的に表現する動詞」

といった。そう, **感情**が隠されているのである。では, どのような感情（というか, 何とよんでよい感情）が隠されているのであろうか。

ここで, subjunctive という言葉の定義を辞書[8]で調べてみることにしよう。

subjunctive = the form (or MOOD) of a verb that expresses wishes, possibility or uncertainty; a verb in

---

[8] *Oxford Advanced Learner's Dictionary*（第6版）。ただしこれより先, 本文中において「辞書」といえば上記辞書 (OALD) をさす。

this form と定義されている。

上の定義を解説しておこう。

1. 仮定法（subjunctive）とは，動詞の形態（the form of a verb）である。専門用語ではこれを（MOOD）という。

2. 仮定法という動詞の特徴。それは，この動詞が（これも重要！ その段階で論じられている話題について，且つそれを話題として発話したその瞬間に）wishes という感情といえばよいのか，possibility にまつわる感情といえばよいのか，uncertainty という感情といえばよいのか，何らかの感情を押し出す（express）動詞である。

3. また，この形態で用いられる動詞そのものを仮定法という。

本書では，**2** が最重要課題であるといってよい。（日本語では「願望」とでもいおうか）wishes とよばれる感情かもしれない。（日本語でいう「可能性」とは性格を少なからず異にするため説明しにくいのであるが）possibility についての（possibility をいうときにふくまれる）感情かもしれない。（日本語では「不安」でよいだろう）uncertainty とよばれる感情であるのかもしれない。wishes にしろ，possibility にしろ，uncertainty にしろ，話題について何らかの感情をふくませながら対話しようとするとき，その**感情を隠しながら**（ただし，完全に隠してしまうのではなく，むしろ）**間接的に**（＝**婉曲的に**）その感情を

押し出す動詞，しかも（これも重要！）話題を話題として発話したその瞬間にその**感情を押し出す動詞**を仮定法（**sub**junctive）というのである。

定義を辞書で確かめる。そして「意味」を考える

一度にたくさんのことを話してしまった。少しずつ解説していこう。

まず，日本語で「可能性」というとわかりにくいと思われる possibility について解説しておこう。possibility の形容詞 possible の定義を辞書で調べてみよう。

possible＝that can be done or achieved と定義されている。

一つを解説しようとすれば，また解説しなければならない問題がふくまれる。大変むずかしいところなのであるが，上の定義の中には can という助動詞（助動詞もじつは大変むずかしい問題なのである）が用いられている。これを日本語で「できる」といってしまうと英語と日本語の間にズレが生じ，また話がややこしくなってしまうのである。

can とは，「常識あるいは体験的知識から判断して〈そういうことも考えられる・考えられないことではない〉という意味での低い可能性」をいうときに用いる助動詞である。じつは，本書でも助動詞について後の章で少し触れた

いとは考えているが，助動詞を解説しはじめると一冊の本になってしまう。そのため，詳しい解説は別の機会にまわしたい。助動詞とは，これも重要課題の一つなのである。

まず，can とは「低いひくい可能性」を（直説法という動詞を使って）展開するための助動詞である。

この助動詞については，もしかすると否定を使って説明すると理解しやすいかもしれない。

たとえば，昔，学校で〈～であるはずがない〉というときに can という助動詞を用いて「cannot ～」というと習ったことがある。He cannot be a student. という文章を考えてみよう。「いくら低いひくい可能性で，もしかすると学生かも，と考えてみてもその可能性はまったくない」という意味から「cannot ～」には，〈～であるはずがない〉という"訳"がついたのである。

これ以上助動詞について話をすすめると話題がそれてしまう。このあたりにしておこう。とにかく，can は「低いひくい可能性」を語るときに用いる助動詞なのである。

ところで，先ほどから「可能性」という日本語について「低い」という言葉を用いて解説しようとしている。もうおわかりになっていただけたかもしれないが，日本語でいう「可能性」とはその「起こりうる頻度」（といおうか「起こりうる可能性」とでもいおうか，よくわからないのであるが）が曖昧であるということである。むしろ，「可能性」といえば「大きい可能性」をさしていっていることが多いのではないかと思われて仕方がないくらい不明確な

要素をもっているのが日本語の「可能性」という言葉であるようだ。となると、日本語でいう「可能性」と英語でいう possibility の間にはズレが生じている。そこが問題なのである。

possible とは、上の定義にもあるように can という助動詞を用いて解説しなければならないほど「低いひくい可能性」を語るときの形容詞であり、その名詞である possibility とは「低いひくい可能性」、「一番低い可能性」[9] をさしていう英単語なのである。

感情が隠れているから奥ゆかしいのが仮定法

現在、仮定法（**sub**junctive）が押し出す**感情**について、これを wishes というべきか、possibility というべきか（これがわかりにくい！）、uncertainty というべきか、について考えようとしている。

ふたたび、possibility について考えてみよう。

「上級」とはそれなりにきわめて高いレベルなのであるが、そのレベルではまだ求められていないタスクがある。その一つがここでお話ししようとしている possibility を

---

[9]「高い可能性」を probability という。なお、「中間の可能性」については plausibility でよいだろう。その他、shall, will, may, can, should, would, might, could という助動詞を使い分けて可能性を区別する。さらには、上の助動詞に副詞をつけて区別する。

話せる運用能力を証明するというタスクである。ただし、ここでいう possibility とは、直説法という動詞を用いて possibility が話せる（上級）という運用能力ではない。仮説（hypothesis）の中で possibility を展開できるという「超級」レベルの運用能力をいう。また、これができるから即超級というわけではないが、「超級への道」といってよいだろう。

> ［ところで、言うにおよばないことではあるが、仮説の中では仮定法という動詞を使わねばならない。仮定法という動詞をふくまない"仮説"は仮説とはよばない。とりあえずこれを念頭においていただこう。］

ここで、could を辞書で調べてみよう。

> could = 4 used to show that sth is or might **be** possible: *I could* **do** *it now if you like.* ・ *Don't worry—they could just have* **forgotten** *to call.* ・ *You couldn't have* **left** *it on the bus, could you?* ・ *"Have some more cake." "Oh, I couldn't. Thank you (=I'm too full)."*

という定義（とよんでよいだろう（ローマン体））[10] と例文（イタリック体）が 4 番目の項目に掲載されている。ただし、ここで使われている仮定法を太字で目立たせておこう

---

[10] そもそも助動詞には、意味を定義するという意味での定義はない。助動詞そのものには意味とよべるものがない。助動詞を使い分けることにより動詞に意味の変化が生じる。

〔太字は筆者〕。

最初の例文を考えてみよう（ただし，本書では解説にあたりイタリック体からローマン体にもどす。なお，太字は仮定法。太字イタリック体は直説法）。

I could **do** it now if you *like*.

これをもし，I can ***do*** it now if you *like*. といったとしよう。すると仮定法であった **do** が ***do*** という直説法になる。なぜだろう。助動詞が could から can にかわったからである。

動詞が仮定法（**do**）であろうと直説法（***do***）であろうと，日本語ではどちらも，

「よければ，私がしてあげてもいいわよ」

でよいだろう。しかし，英語では意味がちがう。

ところで，通常，英語を日本語に置きかえたときの日本語を意味と考えているようである。しかし，それは言葉を英語から日本語に置きかえただけのことであり，それを意味というのではない。まずもって意味を考えるにあたり，いちいち日本語に置きかえる必要はないのである。ここが受験英語と実用英語の大きな違いであるのかもしれない。

実用英語という世界において，意味とはいわゆる"訳"ではない。話者がもつ**感情**を意味という。This is a pen. という文章があったとしよう。この文の意味をいうのはむずかしい。たしかに，日本語に置きかえると「これはペンです」という"訳"になるのかもしれないが，では何という意味で「これはペンです」といっているのか。これをい

う話者の**感情**は一体何だろう。これがこの文の意味なのである。ペンを見たことのない人に，これがペンであることを教えようとするときの感情なのか。そもそもペンを知らない人はいないと考えるのがふつうであるから，This is a pen. という文章には何か特殊な感情がふくまれているはずである。その感情は何なんだろう。意味を考えるとはそういうことなのである。

直説法（*do*），仮定法（**do**）の区別なく，日本語ではどちらも「よければ，私がしてあげてもいいわよ」でよいだろう。しかし意味がちがう。前者は「味気なく（plain），別に今後あなたとお友だちという関係でなくてもよいのですよ（blunt）」という意味であるのにたいして，後者は「丁寧に（polite），今後ともあなたと友人関係をつづけたい（tactful）」という**感情**（＝意味）をふくめて対話しているのである。

ところで，この仮定法（**do**）を導いている助動詞は could である。[11] 仮説（hypothesis＝超級）という範ちゅうの中で，それも「一番低い可能性（possibility）」として話しているのである。ある話題を possibility として話すときの感情は何か？ 本当なら直説法（*do*）でいいたい

---

[11] be には be 動詞と be 助動詞がある。このときの助動詞を auxiliary verb という。これにたいして，could など，この種の助動詞を modal verb とよぶ。modal (= of, pertaining to, or expressing the mood of a verb. *Random House Webster's College Dictionary* より）という形容詞の意味を考えられたい。

ところなのであろうが（直説法でいいたければいってもよい），それをわざわざ仮定法（**do**）で話し，それも話題をpossibility にまで下げて話す話者の感情は何か？ **感情**を考える。つまり，意味を考えるのである。

　言いおくれたが，possibility には2種類ある。一つは，直説法（例：**do**）という動詞を使っていう possibility，もう一つが仮定法（例：**do**）という動詞を使っていう possibility である。現在思考中の possibility はもちろん後者の possibility である。

　さて，後者の possibility にある感情（＝意味）であるが，これをどういえばよいだろうか。正直なところうまく表現できないのであるが，もしかしたら「うれしい感情」なのかもしれない。もしかしたら「不安な感情」なのかもしれない。もしかしたら「いらいらした感情」なのかもしれない。もしかしたら……。正直なところよくわからない。でも，この文だけではよくわからないが，何らかの**感情**が先の文章（I could **do** it now if you **like**.）にはともなっているはずである。その感情を隠しながら（＝**間接的に**＝**婉曲的に**），話者は聴者との対話をおこなっている。感情を隠しながら（＝間接的に＝婉曲的に）いうから奥ゆかしいのであり，そこに仮定法という動詞（**sub**junctive）の意義があるのである。

感情を表面に「出す英語」vs「出さない日本語」

「英会話を習って、せめて自分の意見でもいえるようになりたい」と思っている人が多くいるようだ。意見がいえる人のことを「上級」の話者という。

「中級」では、意見らしきことはいえる。何かしら事情らしきことまではいえるのであるが、意見というところまではいかない。そもそも意見とは何かがよくわかっていないふしもある。それは仕方のないことかもしれない。そもそも日本語の社会では、意見をいってはならない。意見を求められて意見をいうと嫌われるという社会である。そういう社会が悪いというのではない。良い悪いはさておき、日本というのはそういう社会なのである。

これ以上お話しすると、「上級」というレベルにつき、英語における段落（paragraph discourse）の組み方の根源にまで入りこんでしまいそうな気がする。これはこのあたりにして、意見とはそもそも何かについてのみ焦点をあてて解説しよう。

意見とは、ようするに**感情**である。「上級」では直説法という動詞をもちい、何らかの感情を（ここは重要！）動詞以外の言葉でもって直接チクリチクリ、ときには（できれば頻繁に）チクリというよりむしろ強い感情をズバッという。しかし、これがなかなかできないのが現状なのである。

これにたいして,「超級」というレベルは逆にズバッといわないというレベルなのである。もしかすると私たち日本人にむいているレベルなのかもしれない。だからといって仮定法の乱用があってはならない。まず感情をズバッといえることからはじめなければならないのである。[12]「上級」が証明できてからの「超級」というレベルであるのが実用英語の世界であるからだ。

　だからといって,超級を勉強しないという理由にはならないことを確認しておこう。日頃の食べ物について,好き嫌いがあってはならない。満遍なく栄養をとることが肝要なのである。上級の学習はおこたることなく,同時に超級の学習もしていただきたいと思うのである。

　話は少しそれるが,これを機会に直説法の範囲内で感情の表現につき,基本的で且つ多くに知られていないふしのあることをお話ししておこう。

　A restaurant **is** around the corner. という文章を考えてみよう。直説法（**is**）を用いた文章である。「角をまがったところにレストランがある」という日本語に置きかえてよい文章なのであるが,この英文には感情がない。感情がないから意味が不明確というか,むしろ意味不明といってよいだろう。まだコンピュータには感情がない。そういうコンピュータが話している英文であるといってよ

---

[12] ただし,これは英語の社会でのことであり,日本語の社会においては感情（＝意見）をズバッといわないのがよいのかもしれない。二重人格的要素を必要とするのが私たち日本人英語学習者なのかもしれない。

い。そのため、この英文を耳にする聴者は文の内容について何の関心もいだかないといってよいだろう。

感情をあらわす副詞に there という副詞がある。「あそこにあるからよかった！」という感情かもしれない。「だから邪魔になるのよね」という怒りの感情かもしれない。「あのレストランがあるから、これから先どうなるのかしら」という不安な感情かもしれない。何らかの感情を表現する副詞が there という副詞なのである。副詞であるから動詞（直説法（***is***））にできるだけ近いところに置き、

 A restaurant ***is*** there around the corner.

という。

さて、ここで**感情**をあらわす副詞（there）を強調してみよう。

「強調する語（句・節）は先にいう。」

これが強調の鉄則である。しかし、そのまま**感情**をあらわす副詞（there）を先にいってしまうと、

 "There a restaurant ***is*** on the corner."

という"文"になってしまう。そこで、主語と動詞を倒置する。すると、

 There ***is*** a restaurant around the corner.

という英文が成立し、この文であるならばそれを耳にした聴者が話題について何らかの関心をしめすのである。

> ［ただし、副詞句（around the corner）を場所をあらわす副詞（there）に置きかえて、There is a restaurant there. といった場合、**感情**をあらわす

副詞（There）と場所をあらわす副詞（there）との間に混同があってはならない。］

さて、ここで、

A restaurant *is* around the corner.

There *is* a restaurant around the corner.

という二つの文章を比較研究してみよう。日本語に置きかえると、どちらも「角をまがったところにレストランがある」でよいだろう。しかし、上の二つの英文には意味の上で、日本語には"訳"せない（と思われているふしがある）大きな差が存在しているのである。また、よく考えてみると「"訳"せない」という思考があるとすれば、それはそれで一理あるのかもしれない。もともと感情をあらわす習慣のない日本語という世界においては、上の英文にひそむ感情の有無を指摘し、それをいちいち"訳"す必要はないのかもしれないからである。

話が少しそれてしまったようだ。ここでは、ようするに、直説法においてさえ感情の有無あるいは表現を英語ほど重要視しない日本語で、またそういう特性をもつ日本語を基本にしながら英語を思考することのむずかしさを指摘したのである。自分でも何をいっているのかわからなくなってしまったふしがある。これはこれくらいにしておこう。

隠された感情。直接いわないところに意義がある

話をもとにもどそう。

could という助動詞を使った他の例文について考えよう [ただし，本書では便宜上，イタリック体をローマン体にもどす。仮定法は太字でしめす。太字は筆者]。

Don't worry—they could just have **forgotten** to call.
"訳"すというのであれば，「もしかしたら電話するのをただ忘れていただけのことかもしれないのですから」という日本語でよいのかもしれない。しかし，重要なことは仮定法（**forgotten**）に隠されている**感情**である。

You couldn't have **left** it on the bus, could you?
"訳"すとすれば，「まさかバスに置き忘れてきたということはないでしょう。」という日本語でよいのかもしれない。しかし，重要なことは仮定法（**left**）に隠されている**感情**である。

"Have some more cake." "Oh, I couldn't. Thank you."
"訳"すとすれば，「ありがとう。でも，もうお腹がいっぱいで。」という日本語でよいのかもしれない。しかし，重要なことはこの英文で省略（... **have** any more cake.）されている仮定法（**have**）に隠された**感情**である。

すべて「一番低い可能性（possibility）」について話している内容の文である。「もしかすると本当に電話をかけ

忘れているのかもしれない」という不安な感情を隠しながら発話しているのかもしれない。「もしかすると，この人ったら，またバスに忘れてきたのでしょうよ。」という苛立ちの感情を隠しながら発話しているのかもしれない。「どうしてもといわれれば食べてもよいのですが。」という謙虚さをしめす感情をふくめながら発話しているのかもしれない。前後関係（context）がないため，具体的にどういう感情を間接的に表現しようとしているのか正直いってわからない。しかし，この場合，仮説（hypothesis＝超級）の中でも最も低い可能性（possibility）として仮定法（**forgotten**, **left**, **have**）を使っている。また，それにともなう何らかの**感情を隠しながら（＝間接的に＝婉曲的に）**いっているから奥ゆかしい。そこに仮定法という動詞（**sub**junctive）の意義があるのである。

仮定法がわかると英語が楽しくなる

「事実だけをいえばよい」，「余計なことをいうものじゃない」，「形容詞はいらない」など，日本語の世界には英語の世界とはきわめて違った思考方法が存在している。形容詞は余計なのである。形容詞をトルということは，ようするに（英語からみれば）直説法という動詞の範ちゅうでさえ意見（＝感情）を述べてはならないということである。

事実だけを述べる。これはようするに「推量」を加えて

はならないということであろう。「推測」という行為をいわば極端に否定する傾向にある。これが日本語の世界であるようだ。「それは推測の域を出ないため,お答えしかねます。」という発言をよく耳にするからである。

　英語における形容詞の使用頻度等について,これを深く追求しはじめると本論からそれてしまう。ここでいえることは,「これは重要な名詞だ！」と思ったときは,「その名詞の前に形容詞を置いて,名詞に関する**感情**を遠慮なくどんどんいいなさい。」,「最終的には,形容詞＋名詞の形で発話しなさい。」というアドバイスである。これが「上級への道」,ひいては「超級への道」である。

　「推量・推測」について少し解説しておこう。

　英語には,直説法とよばれる動詞を使いながら推測する方法（上級）と仮定法とよばれる動詞を使いながら推測する方法（超級）の二つの推測方法がある。前者においては must, shall, will, may, can という助動詞,後者においては should, would, might, could という助動詞[13]を用いて推測（speculation）するという二つの推測方法である。

　さらに,話題について専門的知識がなく適当に推量しながら,当該話題を展開できる運用能力を上級,超級とい

---

[13] must, shall, will, may, can, should, would, might, could という9つの「助動詞の使い分け」がまた一つ重要な課題なのであるが,本書では仮定法という動詞に焦点をあてることを目的としていることから,これについては深く追求することはさけたい。

う。推測とは、ようするに「日常会話」とよばれるレベルでの会話の一端にほかならない。いってしまえば、上級も超級も日常会話の運用能力であり、ようするに専門的知識がなく「井戸端会議」ができるレベルを上級、超級というのである。これをいいかえれば、「推測・推量」は（日本語においても、じつはそうなのであるが）日常会話のレベルでしょっちゅうやっていることなのである。

推量することを恐れてはならない。どんどん推量しながら会話を楽しんでいただきたいと思うのである。

ただ、注意しなければならないことが一つある。それは、日本語においての推量には「直説法における推量」と「仮定法における推量」の区別がきわめて不明確であるということである。後者（これを英語では仮説（hypothesis）という）のつもりで推量しているのが、いつの間にか前者の推量と受けとられる恐れが強いのが日本語なのかもしれない。英語ではその区別がはっきりしている。これが理解できれば、英語会話がますます楽しくなってくるのである。ただし、（何度もいうが）仮定法の乱用があってはならない。直説法による推量と仮定法による推量をしっかり区別した上での推量であることが重要なのである。

自分の気持ちを大切にしながら話す仮定法

直説法という動詞を用いて推量するときもあるし、仮定

法という動詞を用いて推量するときもある。同様に,直説法という動詞を用いて提案するときもあるし,仮定法という動詞を用いて提案することもある。前者（直説法）による命令もあるし,後者（仮定法）による命令もある。推量にしろ,提案にしろ,命令にしろ,していることは直説法も仮定法も同じことである。直説法も仮定法も同じことをやっているのである。「だったら,どちらでもいいじゃない」ということになるのかもしれないが,そうはいかないのが実用英語の世界なのである。すぐには使い分けができないかもしれない。すぐに使い分けができなくてもかまわない。まず,違いを知ること（knowledge）が必要だ。そして,その知識を実践という分野（proficiency）で活用する。knowledge＋proficiency こそが上級,超級への道なのである。

　ところで,同じ推量をするのにも,提案するのにも,命令するのにも超級（仮定法）というレベルには**隠された感情がある**といった。これが上級（直説法）との大きな相違点なのである。中級の話者は,いってみれば「だれとでもお友だち」という話し方をする。上級になれば少しは仮定法の意味がわかり,相手により言葉（動詞の法）を使い分けることができるようになる。超級では,この運用能力が完成された形で会話を維持することができる。つまり,social linguistic competence とよばれる特殊な能力を完璧な形で身につけているのが超級の話者なのである。

　ところで,日本語には敬語とよばれる特殊な言葉があ

る。これと似ているのが仮定法とよばれる動詞であるといってよい。ここで日本語でいう敬語と英語の仮定法との違いについて言及しておこう。

　第一の違い。それは日本語での敬語は「聴者を敬う」,「相手の気持ちを尊重する」のが主体である（ようである）のにたいして，英語の仮定法という動詞では**「話者自身の感情」**,「自分の気持ち」を大切にしながら話している。**自身の感情**（悲しい感情，不愉快な感情，不安な感情，喜びの感情など）を大切にしながら対話するから聴者にその気持ちが伝わり，結果的には「丁寧である (polite, tactful)」という点において日本語の敬語と共通したところがある。しかし，基本的なところではまず上のような相違点があることを知っておこう。

日本語の「敬語」は言葉そのものがちがう

　第二の相違点にいこう。
　　Boys, **be** ambitious.
　　Boys **be** ambitious.
という二つの英文を例にとって考えよう。上（**be**）を直説法（厳密には，命令法），下（**be**）を仮定法という。
　直説法（**be**）にしろ，仮定法（**be**）にしろ，どちらもようするに,
　「そんなにしょぼんとしていないで，もっと元気をだ

しなさい。」

といっているのであるが，上は直説法，下は仮定法でいっている。つまり，mood（口調といってよいだろう）[14] がちがう。**口調（mood）がちがうのではあるが，（ここが重要！）使っている動詞そのものはいずれも同じ be 動詞（verb）なのである。**

昔，アメリカで経済がおちこんでいた頃，日本に市場の開放をせまったことがある。当時，多くのアメリカ人が，Japan open the market. と書いたプラカードを手にデモをおこない日本に市場の開放をもとめたのである。

ところで，

　Japan, ***open*** the market.

　Japan **open** the market.

という二つの英文を比較しながら考えてみよう。前者は直説法（(***open***)ただし，厳密にいうと命令法），後者は仮定法（**open**）である。日本語でいうと，どちらもようするに，

　「市場を開放してください。」

といっている。直説法にしろ，仮定法にしろ，いっている内容はようするに同じことなのだが，**口調（mood）がちがう。前者は直説法（*open*），後者は仮定法（open）という違いである。ところが，（ここが重要！）口調はちが

---

[14] subjunctive mood を「仮定法」とよぶこと自体に問題がある。さらに，mood を「法」とよぶこと自体に問題がある。mood とは，ようするに「口調」という意味の英単語なのである。

うが，ここで使われている動詞（verb）はいずれも open という動詞（verb）である。

英語では，直説法（例：**be**，**open**），仮定法（例：**be**，**open**）という口調（mood）に関係なく，そこで使われる動詞（verb）はいずれも同じである。

これにたいして，日本語では敬語でないときと敬語であるときには，言葉そのものがちがってくる。たとえば，

「君たち，元気を**だしなさい**。」

「神様，どうかこの子どもたちが元気をとりもどしますように。」→「君たちに，どうか元気を**だしていただきたい**のです。」

「市場を**開放せよ**。」

「神様，どうか日本が市場を開放してくださいますように。」→「日本の皆さま，どうか市場を**開放していただきたい**のです。」

日本語では，上のように敬語であるときと敬語でないときには言葉に表層的な変化がみられる。ところが英語では深層に存在する違いは別として，表層的には変化がない。これはきわめて重要な相違点なのである。

一歩さがって逆をいう。だから，丁寧！

最後の相違点。

日本語では，

「だれだれが，なになにと**言いました**。」

「だれだれが，なになにと**おっしゃいました**。」

という例でもわかるように，敬語でないときも敬語であるときも（英語からいうと）同じ時制で対応する。

これにたいして英語では，まず，

「時制に変化が生じる。」

それだけではない。

「逆をいう。」

この二つが重要な役割をはたしているのである。この点について詳しく言及する必要はないだろう。[15] ただここで重要なことは，基本的には，

「時制が一つ昔にもどるから，丁寧なのである。」

それだけではない。

「事実と逆をいうから，丁寧なのである。」

この二つを一つにまとめて，

「一歩さがって，[16] 逆をいう。」

とでも覚えておくとよいかもしれない。

仮定法では，基本的には「時制が一つ昔にもどる」。だからこそ，丁寧なのである。日本語の敬語では考えられないことである。[17]

---

[15] 仮定法は直説法とは異なり，「時制の一致を受けない」ときがある。これは重要な規則であり，この点についても各種文法書でしっかり再確認されたい。

[16] しつこいようだが，仮定法にある「時制の一致を受けない」という例外（規則）をしっかり再確認されておかれたい。

[17] 最近，「これでよかったでしょうか。」など，日本語でも（英語からみ

また，仮定法では「逆をいう」。事実とは逆のことをいうから，丁寧なのである。これも日本語の敬語では考えられないことである。日本語では，逆にいえばよく聞こえて冗談というところだろう。場合によっては，敬語どころか皮肉として受けとられることもある。日本語では，むしろ（事実と同じ時制で）事実をいう。事実をいいながら，敬語という特殊な言葉を用いて聴者に敬意をはらうのが日本語であるといってよいだろう。これにたいして，英語とは不思議な言葉である。（基本的には）時制を一つ昔にもどし，その上で逆をいう。「一歩さがって，逆をいう」から，丁寧に聞こえるという不可思議な言語なのである。

仮定法は不可思議にも奥ゆかしい。その理由

　これまで，仮定法は，
「奥ゆかしい。」
「**自分の感情**を大切にする。」
「事実とは逆のことをいう。」
といってきた。さて，ここでもう少し考えてみることにしよう。
　事実における自分の**感情**。まずこれを考えてみよう。

れば）過去時制で対話することが若い人たちの間ではやっているらしい。東北地方での方言が全国的に広まっていると聞いている。大変興味深い現象ではあるが，本書ではこの現象を考察から除外する。

「家の人ったら，バスに置き忘れてきたのじゃないかしら」という気持ちがふと脳裏にかすんだとしよう。そのときの感情とは一体どんな感情なのだろう。うまく説明できないが，「不安な感情」かもしれない。「苛立ちの感情」かもしれない。それをそのまま味気なく，

　　Didn't you *leave* it on the bus?

というのが直説法（***leave***＝plain, abrupt）である。

　しかし，時と場合（context）によっては，そういってしまうことが聴者にたいして失礼であることがある。しかし，話者自身が抱いている本当の感情は「不安」であり，「苛立ち」なのである。それをそのままいってしまうと失礼になり，だからといって嘘はいえない。あくまで**自分の感情を大切にしながら**，相手に失礼のないよう対話したいのである。そこで，事実とは逆の感情を（ここが大切！）仮説の中で聴者に伝える。

　　You couldn't have **forgotten** it on the bus, could you?

つまり，

　　「まさかバスの中で置き忘れてきたということはないでしょう。」

という日本語に置きかえてもいいように思える口調で，**明るい感情を聴者に伝える**のである。しかし，（ここが大切！）それはあくまで仮説の中での感情であり，本当に伝えたい感情は「明るい感情」とは「逆の感情」なのである。ただし，英語（**forgotten**＝polite, tactful）では逆の

感情を伝えようとしているからといって聴者は不愉快に思うことはない。むしろ，そういう**口調**で対話してもらっているからこそ嬉しく思うのである。

　　「**自分の感情を大切にしながら**，聴者に逆の感情を伝える。」

だからこそ，

　　「仮定法は奥ゆかしい！」

これが仮定法（**sub**junctive）という動詞（mood）の役割であり，日本語からみればとても理解ができそうにない不可思議な役割だといってよいだろう。

第3章　仮定法過去

壁にぶちあたることのないよう，思考の変身

　たしかに，日本語も英語も言葉にかわりはない。お互いに言葉であるから，「言葉さえ覚えれば意志の疎通が可能」であり，だから「単語を覚える」。ようするに「英語は単語力である」という思考があるならば，それはそれでよいのかもしれない。ただ，この思考にはいろいろ問題がある。

　本書はそうした思考に存在する問題，危険性を論じることを目的とするものではないため，これについて深く言及することはさけたい。しかし，ただ一つ，これを機会に考えていただきたいこと。それは，

　　「日本語≠英語」

という不等式の関係である。英語と日本語は，根本的に異なる言語なのである。「日本語＝英語」，「英語＝日本語」という思考がどこかに存在するとすれば，どこかで壁にぶちあたる。高いレベルで壁にぶちあたるのは明白なのである。一挙にはむずかしいところがあるかもしれない。でも，いつかどこかで思い切った変身がなければならないのも事実である。上をめざそう。根本的に（自分の？）どこかを変えよう。

第3章　仮定法過去

下の思考で上を志向することのないように

　I would **be** happy if I **had** a lot of money. という英文があったとしよう。これを「たくさんお金があればしあわせなのだが……。」という日本語に置きかえたとしよう。すると，この瞬間に「英語＝日本語」という思考がはたらいてしまっている。超級という高いレベルにおいて，この思考は大変危険な兆候である。[18]

　If I **knew** her address, I would **write** to her. という英文と If I **were** you, I wouldn't **do** such a thing. という英文が二つあったとしよう。これを「住所を知っていれば，彼女に手紙を書くのに……。」，「もしわたしがあなただったら，そんなことしないわよ。」という日本語にそれぞれ置きかえたとしよう。この瞬間に「英語＝日本語」という思考がはたらいてしまっている。超級という高いレベルにおいて，これはきわめて危険な兆候である。

　仮説（hypothesis）という範ちゅうにあって，してはならないこと。それは，話者が仮説の中で述べることを「英語＝日本語」という思考で，そのままそっくり日本語に置きかえてはならない。「そのままそっくり日本語に」という思考は，最高でも「中級」レベルの思考にほかならな

---

[18] 本書は仮定法という超級を解説している。しかし，「英語＝日本語」という思考は上級レベルにも支障を与える危険性が多分に存在するので注意しなければならない。

い。だから上のレベルにおいては危険な兆候であるというのである。

直説法では，ずばり感情をいう（1）

仮説の中で話者がすることをしっかり理解せねばならない。話者には何かいいたいことがある。どうしてもいいたいことがある。それを直説法という動詞を使い直接いうと味気なく聞こえてしまう。聴者にたいして失礼になりかねない。だからといって嘘はいえない。そこで（ここが重要！）想像力（imagination）を自由にはたらかせながら話題を展開し，本当なら直説法でいってしまいたいことを仮定法という特殊な動詞を用いながら仮説の中でいっているのである。おわかりいただけるであろうか。

本当なら直説法でいってしまいたいことを，想像力をはたらかせながら，（これも重要！）ときには通常以上に想像力（fevered imagination）をはたらかせ，日本語では大げさに聞こえる内容をも平気（というと語弊があるが）でいってしまう。英語では，大げさにいっていただければいただくほど話者のいいたいことがよくわかる。ところが，これを「英語＝日本語」の思考でそのままそっくり日本語にしてしまうと「何てことをおっしゃるのでしょう。気が変になっていらっしゃるのでは？」とでも聞こえる日本語になってしまうのである。これも，おわかりいただけ

るであろうか。

　むずかしく考えることはない。直説法でいいたいことを仮定法という動詞を用いながら仮説の中で展開しているにすぎないのである。英語では，それ（直説法でいいたいこと）を仮説でいうからよくわかる。日本語では，仮説の内容を直説法でいいたいことに置きかえて考えればよいだけのことである。

　　I would **be** happy if I **had** a lot of money.
について，ようするに，
　　「お金がないのです。」
といっているにすぎない。ただし，この英文には仮定法という動詞（**be**，**had**）が二つ[19]使われている。仮定法には**感情がふくまれている**と前にいった。直説法には感情がない。そこで，直説法（「お金がないのです」）という範ちゅうで考える場合には，直接感情をあらわす日本語をつけ加え，
　　「申し訳ないのですが，お金がないのです。」
　　「お恥ずかしいのですが，じつはお金がないのです。」
　　「自分自身にも腹立たしいのですが，お金がないのです。」
　　「くやしいのですが，お金がないのです。」
　　「考えると不安なのですが，事実，お金がないのです。」

---

[19] ただし，意味（＝感情）を考える上で，仮定法の数は関係がない。上の英文の場合，たまたま仮定法が二つあるにすぎない。

などなど，前後関係（context）あるいは状況（situation）によりいろいろ日本語を考えていただければよいだけのことである。これを「超訳」[20] とよんでよいのかもしれない。

直説法では，ずばり感情をいう（2）

If I **knew** her address, I would **write** to her.
If I **were** you, I wouldn't **do** such a thing.
についても同じことがいえる。

「残念なのですが，住所がわからないのです。」

「自分でも恥ずかしいのですが，住所を聞いていないのです。」

「だから不安なのですが，住所を知らされていないのです。」

「こんなふうに申し上げると失礼になるのかもしれませんが，およしになった方がよいと思います。」

「私もあの人のことがむしろ苦手なのです。およしになりませんか。」

「相談をお受けして喜んでいます。でも，やはりおやめになった方がよろしいと思いますよ。」

などなど，前後関係（context）あるいは状況（situa-

---

[20] 拙著『英語は超訳だ』（ESC 出版）を参照。

tion）から判断しながら，その場の感情をつけ加えた日本語に置きかえるだけのことである。

　［本論とは直接関係のないことであるが，複文（上級）の構成について大切なことをお話ししておこう。

　主節と従属節から構成される複文においては，
「まず主節をいう。つづいて従属節をいう。」
これが（主節＋従属節の場合）通常の複文構成なのであるが，前後関係あるいは意味の上から従属節を「強調」したいとしよう。その場合にかぎって従属節を先にいう。理由なく，従属節を先にいってはならない。

　どうもこのことが一般によく理解されていないふしがある。そのため，しいてここで指摘したのである。

　上の英文（複文）はいずれも，従属節が先にきている。この順序による複文構成をよく耳にする。前後関係あるいは意味の上から「強調」するための手段として従属節を先にいうのはよいが，理由なくこの順序で会話することをさけなければならない（強調の乱用）。これを再確認していただきたいと思うのである。］

仮定法では勇気をもって発想を転換する

「直説法では，ずばり感情をいう。」
このことを逆に考えてみることにしよう。
　「お金がない。」
これを英語でいうと，

　I don't **have** (the) money. [21]

これはこれでもよい（＝中級）。しかし，この文にある直説法（**have**）だけでは意味（＝**感情**）がない。未完成なロボットから聞こえてくる感情（＝意味）のない言葉にしか聞こえない。「だからどうなの？」，「ようするに何がいいたいの？」とでも聴きたくなる。

　ところで，（これは重要！）上の英文を仮定法を用いた文章に置きかえることはできない。理由は簡単である。この英文で用いられている直説法（**have**）には**感情**がないからである。

　直説法では，ずばり**感情**をいう。そこで，sorry という単語を入れてみることにしよう。

　(I'**m**) sorry, but I don't **have** (the) money.

sorry という言葉が入った。（ここが重要！）ここではじめて上の直説法（**have**）を仮定法に置きかえる条件がと

---

[21]「無冠詞」とよばれる冠詞を使っていうか，「定冠詞」とよばれる冠詞を使っていうかにより，それぞれ意味が異なってくる。拙著『英語は冠詞だ』（開拓社）を参照されたい。ただし，冠詞は超級。

とのったのである。直説法（*have*）にその資格ができたといってよいのかもしれない。

　あとは，その場の状況あるいは前後関係により，

　　If I **had** the money, I would **give** it to you.

　　I would **buy** you the house if I **had** the money.

　　(Even) if I could **afford** to deposit any of my money in a bank, I would never **do** business with you.

などなど，仮定法（太字）をふくむ仮説の文章に置きかえるだけのことである。ただし，（これも重要！）もともとあった直説法を上のように仮定法に置きかえた場合，直説法にあった sorry という言葉は不要である。sorry にふくまれる感情がそれぞれの仮定法（**had**, **give**, **buy**, **afford**, **do**）にふくまれているからである。

　ところで参考のため，上の英文（仮説）を日本語に置きかえてみよう。

　　「ごめんなさいね。差し上げられるようなお金はありません。」

　　「ごめんね。お金がないから，買ってあげられないのだよね。」

　　「冗談じゃないですよ。おたくの銀行に預けられるようなお金はありません。お帰りください。」

とくに仮定法をふくむ文章については，勇気をもって発想を転換しよう。これが実用英語（日常会話）を志向するための基本的姿勢なのである。

仮定法過去という名の仮定法

ところで先の文にあった仮定法（**had**, **give**, **buy**, **afford**, **do**）を仮定法過去という。それぞれ仮定法過去という名の仮定法なのである。直説法では現在時制のことがらについて,

「一歩さがって, 逆をいう。」

という結果, 仮定法では時制が過去になる。そのときの仮定法を仮定法過去という名でよんでいる。ただし, 動詞は原形, 現在形, 過去形, 過去分詞形, 現在分詞形と活用するが, そのように活用するときの「形」という点からすると, 仮定法過去とよばれる仮定法であっても形が過去形になっているとはかぎらない。過去形（例：**had**）の仮定法過去もあれば, 原形（例：**give**, **buy**, **afford**, **do**）のままの形で仮定法過去とよばれる仮定法もある。後者については, 助動詞（例：would, could）により文中における時制は過去時制になっていることに注目しておこう。

仮定法では, いいたいことにとどめることがある

ところで先ほど仮定法過去（**had**, **give**, **buy**, **afford**, **do**）を用いて, いろいろ仮説の文章を考えてみた。

ところがよく考えてみるとどれも, ようするに

「お金がない。」
といいたいのである。ということは,

　　If I **had** the money, (I would **give** it to you.)

　　(I would **buy** you the house) if I **had** the money.

　　(Even) if I could **afford** to deposit any of my money in a bank, (I would never **do** business with you.)

という3つの文（仮説）について，主節（（　）内）にある仮定法過去（**give**, **buy**, **do**）はなくてもよい。そこで，この仮定法過去（**give**, **buy**, **do**）を削除し，それぞれ直説法に置きかえてみよう。

最初の文,

　　If I **had** the money, I would **give** it to you. ─── ①

からいこう。まず,

　　I would **give** you the money if I **had** enough dough.
　　　　　　　　　　　　　　　　　　　　　　　　　─── ①′

という主節＋従属節というもとの順序にもどして考えよう。

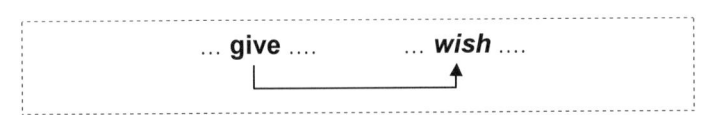

```
... give ....      ... wish ....
        └─────────▲
```

ここでまず，仮定法過去（**give**）を直説法（*wish*）に置きかえる。ただし，仮定法過去（**give**）を削除し直説法に置きかえると，接続詞（if）[22] が不要になる。

---

[22] 接続詞（if）は，仮定法と仮定法をむすぶことを基本的用法とする接続詞である。

```
    ... if ....     ...トル....    ... that ....
             └──────↑└─────────↑
```

そこで if をトル。つぎに，動詞（mood）を直説法（**wish**）に置きかえたのであるから，接続詞に that を用いる。すると，

  I **wish** (that) I **had** enough dough.

という文章になる。これはこれでよい。ただし，ついでに（本書では直接関係ないことではあるが），

```
     ... enough ....      ... the ....
              └───────────────↑
```

文中の形容詞（enough）を定冠詞（the）に置きかえる。すると，最終的に，

  I **wish** (that) I **had** the dough.

  I **wish** (that) I **had** the money. [23] ……②

という文章が成立するのである。[24]

---

[23] ただし，これら文中にある仮定法過去（**had**）に「残念ながら」という感情がふくまれている。
[24] 場合によっては，直接法（**wish**）を仮定法過去（**wish**）でいうこともある（例：I would **wish** (that) I **had** the money.)。この場合，仮定法＋仮定法という文章ではあるが，接続詞 (if) は用いない。

いいたいことだけにとどめる仮定法

つぎにいこう。

I would **give** you the money if I **had** enough dough.
──────── ①′

という文にある仮定法過去（**give**）をいわない。さらには，これを直説法に置きかえない，ということにしよう。

ということは，つまり，… if I **had** enough dough. という従属節しか残らない。また，従属節だけでは文章として成立しない。接続詞（if）をトルわけにもいかない。こういうときに便利な言い方がある。これでいってみよう。

```
… if ….      If only ….
    └──────▲
```

only という副詞をどこかに入れるのである。一般的にいうと，副詞は動詞とお友だちであるから，できるかぎり動詞の近くに置いていう。

If I only **had** the money.

もちろん上の文章でもよいのではあるが，この場合，If の直後に副詞（only）をもってくることも可能なのである。

If only I **had** the money. [25] ──────── ③

---

[25] この文についても先と同様，仮定法過去（**had**）に「残念ながら」と

どちらでもよいが，ここでは後者（③）でいこう。

ところで，通常は従属節だけでは文章として成立しない。しかし，If という接続詞については，従属節の中に only という副詞を入れると（例：③），その節だけで文章として認められているのである。[26] ここのところが，おもしろいと思うのである。

接続詞（if）をトル

　　If I **had** the money, I would **give** it to you. ─────①
　　I would **buy** you the house if I **had** the money.
　　I would never **do** business with you (even) if I could **afford** to deposit any of my money in a bank.

という3つの文（仮説）について，①が，

　　I *wish* (that) I **had** the money. ─────②
　　If only I **had** the money. ─────③

という文になると話してきた。これと同じことが他の2つについてもいえるのである。[27]

いう感情がふくまれている。ただし，この文体は，文中で表現されている願望等の感情がよほど切実でないかぎり用いることは少ない。

[26] If ... only .... および If only .... という文体は，動詞が仮定法とはかぎらない。直説法でも用いる。

[27] ただし，3つ目の文章については，主節と従属節の順序を入れ替えている。

```
... buy / afford ....    ... wish ....
```

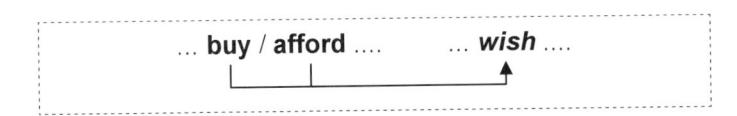

仮定法過去 (**buy**, **afford**) をそれぞれ直説法 (**wish**) に置きかえる。

つぎに、接続詞 (if) を接続詞 (that) に置きかえる。

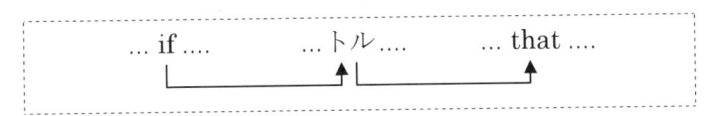

```
... if ....      ...トル....      ... that ....
```

するとそれぞれについて、

  I **wish** (that) I **had** the money. ——————②

  I **wish** (that) I could **afford** to deposit any of my money in a bank.[28]

という、どちらも、ようするに「お金がない」という文章が成立するのである。

③についても、同じような経過 (省略) で、

> I would **buy** you the house if I **had** the money.
> I would never **do** business with you (even) if I could **afford** to deposit any of my money in a bank.
>
> ↓
>
> If only I **had** the money.
> 〔*or* If I only **had** the money.〕

---

[28] ここにある仮定法過去 (**afford**) に、「残念ながら」という感情がふくまれている。

If only I **had** the money. ────────── ③

If only I could **afford** to deposit any of my money in a bank.

という文が成立するので，お考えいただきたい。

ところで，

If I **had** the money, I would **give** it to you. ────── ①

I would **buy** you the house if I **had** the money.

という2つの文について，ふたたび考えてみよう。それぞれの文につき，接続詞（if）がある。結論からいうと，ようするにこの接続詞（if）を削除したいのである。

```
           Ifをトル ──→ 倒置する
```

接続詞（if）を削除したままでは，複文として成立しない。そこで従属節の部分を倒置する。すると，

```
    If....  トル  ──→  I had ....   Had I ....
```

Had I the money, I would **give** it to you.

I would **buy** you the house **had** I the money.

という文章が成立することも指摘しておこう。[29]

---

[29] ただしこの文体は，仮定法過去完了，仮定法未来で用いることが多く，このようにして仮定法過去で用いることは少ない。

「静かにしなさい」も，いろいろ

「静かにしなさい。」
これを英語でいってみよう。

(Children,) **be** quiet.

Please **be** quiet.

I **want** you to be quiet.

Why don't you **be** quiet?

You must **be** quiet.

You have to **be** quiet.

You've got to **be** quiet.

You'd better **be** quiet.

You may as well **be** quiet.

Can you **be** quiet?

Will you **be** quiet?

It'**s** time (for you) to be quiet.

It'**s** time that you **stop** being so noisy.

などなど，いいだせばきりがない。とりあえず上に列挙した例は，すべて直説法（イタリック体＝plain, blunt）である。

Would you **be** quiet?

Could you **be** quiet?

I would **like** you to be quiet.

You should **be**[30] quiet.

You ought to **be**[31] quiet.

Children **be**[32] quiet.

I ***suggest*** you **be**[33] quiet.

It'***s*** necessary you **be**[34] quiet.

You might as well **be** quiet.

I'd rather you **stopped** being so noisy.

I'd ***prefer*** you to be quiet.

I'd ***prefer*** it if you would **be** quiet.

It's about time you **were** quiet.

I ***wish*** you **were** quiet.

I ***wish*** you would **be** quiet.

If only you **were** quiet.

If only you would **be** quiet.

などなど，これもいいだせばきりがない。とりあえず上に列挙した例は，一部をのぞきすべて仮定法過去（太字＝polite, tactful）である。

---

[30] 本書では，これを第5章（仮定法未来）であつかう。
[31] 同上
[32] 本書では，これを第6章（仮定法現在）であつかう。
[33] 同上
[34] 同上

Would you ...? Could you ...? で使う仮定法

　Will you ***be*** quiet?　……………………………………………④
　Would you ***be*** quiet?　…………………………………………⑤
　Could you ***be*** quiet?　…………………………………………⑥
の3つについてお話ししよう。

　直接法（④の ***be***）にしろ，仮定法過去（⑤⑥の ***be***）にしろ，すべて**感情**を丁寧に表現する動詞（mood）である。その中でも仮定法過去（⑥の ***be***）は，とくに丁寧であることについてお話ししておこう。ただし，ここでは動詞（verb）を help に置きかえて解説しよう。

　「手伝っていただけませんか」という日本語について，

　Will you ***help*** me?　……………………………………………④′
　Would you ***help*** me?　…………………………………………⑤′
　Could you ***help*** me?　…………………………………………⑥′

という3つの英文を考えてみよう。直接法（④′の ***help***）にしろ，仮定法過去（⑤′⑥′の ***help***）にしろ，すべて**感情**を丁寧に表現する動詞（mood）である。ところで，この3つの動詞（mood）が，なぜ丁寧なのだろう。まず，その理由から考えたいと思うのである。

　まず，直説法からいこう。

　I will ***appreciate*** it if you ***help*** me. [35] ……………………⑦

---

[35] I will ***appreciate*** it if you ***are*** quiet. という文が考えにくいため，動詞（verb）を help に置きかえて解説している。

I will ***appreciate*** it if you will ***help*** me. ——————— ⑧

という複文を2つ（⑦⑧）考えていただこう。

　ここで一つ重要なことに注目していただきたい。それは，複文⑧の従属節（副詞節）には助動詞（will）が使われているということである。「時や条件をあらわす副詞節の中の未来は現在形で代用する」と学校時代習ったのであるが，どうして複文⑧の副詞節には助動詞（will）が使われているのだろう。ここのところが重要なのである。

　「時や条件をあらわす副詞節の中の未来は現在形で代用する」という約束事には二つ例外があると習ったのを記憶しておられるだろうか。これを復習しておこう。

　第一の例外。条件をあらわす副詞節について，

　「話者（⑧ではI）が副詞節の主語（⑧ではyou）にたいして尊敬の念をこめていうときは，副詞節に助動詞（will）を用いてもよい」

　　［第二の例外：If it will ***make*** you happier, I'll ***stop*** smoking. のように，副詞節が主節の行為の結果をあらわすときは，副詞節の中で助動詞（will）を使う。］

という二つの例外を思い出していただきたい。[36]

　つまり，複文⑧では，話者（I）が聴者（you）にたいして尊敬の気持ちをこめて対話している。この意味で，複文⑧の方が複文⑦よりも，はるかに丁寧な文章なのである。

---

[36] 第二の例外は，現在解説しようとしている話題とは少しそれるところがあるので，段落の外で並行して解説する。

さてここで、複文⑧を少し変化させてみよう。

ようするに「お手伝いしてください」といいたいのであるから、主節（I'll **appreciate** it ....）を省略することにしよう。

　　　［ようするに「（本当に）喜んでいただけますか。」といいたいのであるから、主節（... I'll **stop** smoking.）を省略することにしよう。］

すると、

　... if you will **help** me.

という副詞節が残る。ところが、副詞節だけでは文章として成立しないため、ここにある接続詞（if）を省略する。すると、

　... you will **help** me.

だけが残る。ここで、you と will の順序を逆にすると、

　Will you **help** me? ──────────────── ④′

という疑問文が成立するのである。

　　　［すると、If it will **make** you happier .... という副詞節が残る。ところが、副詞節だけでは文章として成立しないため、ここにある接続詞（If）を省略する。すると、... it will **make** you happier. だけが残る。ここで、it と will の順序を逆にすると、Will it **make** you happier? という疑問文が成立するのである。］

つぎにいこう。

I'd **appreciate** it if you **helped** me. ……………… ⑨

　　I'd **appreciate** it if you would **help** me. ……………… ⑩

それに,

　　I'd **appreciate** it if you could **help** me. ……………… ⑪

という複文を3つ（⑨⑩⑪）考えていただこう。

　ここで一つ重要なことに注目していただきたい。それは，複文⑩の従属節（副詞節）には助動詞（would）が使われているということである。

　これについても先と同様,

　　「時や条件をあらわす副詞節の中の未来は現在形で代用する。」

という約束事があるが，ただし，例外が二つある。

　第一の例外。[37]　条件をあらわす副詞節について,

　　「話者（⑩ではI）が副詞節の主語（⑩ではyou）にたいして尊敬の念をこめていうときは，副詞節に助動詞（would）を用いてもよい。」

つまり，複文⑩では，話者（I）が聴者（you）にたいして尊敬の気持ちをこめて対話している。この意味で，複文⑩の方が複文⑨よりも，はるかに丁寧な文章なのである。

　さてここで，複文⑩を少し変化させてみよう。

　ようするに「お手伝いしてください。」といいたいのであるから，主節（I'd **appreciate** it ....）を省略することにしよう。

---

[37] 第二の例外についての解説は省略する。

[複文⑪についても，ようするに「お手伝いしてください」といいたいのであるから，主節（I'd **appreciate** it ....）を省略することにしよう。[38]]

すると，

　... if you would **help** me.

という副詞節が残る。ところが，副詞節だけでは文章として成立しないため，ここにある接続詞（if）を省略する。すると，

　... you would **help** me.

だけが残る。ここで，you と would の順序を逆にすると，

　Would you **help** me? ⑤′

という疑問文が成立するのである。

[すると，... if you could help me. という副詞節が残る。ところが，副詞節だけでは文章として成立しないため，ここにある接続詞（if）を省略する。すると，... you could **help** me. だけが残る。ここで，you と could の順序を逆にすると，Could you **help** me? という疑問文（⑥′）が成立するのである。]

ここでもう一度復習しておこう。

---

[38] 複文⑪では仮定法過去（**help**）に用いられている助動詞が could であるため，現在解説しようとしている話題から少しそれるところがある。そのため，段落の外で並行して解説する。

I will ***appreciate*** it if you will ***help*** me. ―――― ⑧
I'd ***appreciate*** it if you would ***help*** me. ―――― ⑩
I'd ***appreciate*** it if you could ***help*** me. ―――― ⑪

という複文（⑧⑩⑪）がそれぞれ，

Will you ***help*** me? ―――― ④′
Would you ***help*** me? ―――― ⑤′
Could you ***help*** me? ―――― ⑥′

という疑問文（④′⑤′⑥′）に変化したのである。すべて丁寧な複文であり疑問文である。

ただし，（これは重要！）複文⑩よりも複文⑪のほうがはるかに丁寧な文である。疑問文⑤′よりも疑問文⑥′のほうがはるかに丁寧な文である。それは助動詞に could が使われているからだ。（お手伝いしていただける）可能性を possibility という「一番低い可能性」にまで下げて対話しているからである。また，助動詞（would）をふくむ文（⑩⑤′）は「丁寧にいう押しつけ」と考えていただいておいてよい。

長くなってしまった。ここでやっと，

Will you ***be*** quiet? ―――― ④
Would you ***be*** quiet? ―――― ⑤
Could you ***be*** quiet? ―――― ⑥

という3つの疑問文（④⑤⑥）にもどるのであるが，これについての理屈は先（④′⑤′⑥′）と同様である。

同じこと言い方変えていえる話者。それが上級

先と関連して,

　I'd **prefer** it if you would **be** quiet.

　I **wish** you would **be** quiet.

　If only you would **be** quiet.

という3つの文章についても助動詞（would）が用いられていることを確認しておこう。

すべて，話者が副詞節（あるいはもと副詞節）の中の主語（you）にたいして尊敬の念（第一の例外）をこめて発話しているからである。

なお，ここではそれぞれ上の文章になるまでの経過について，解説を省略する。読者の皆さんが各自で先のようなflow chart を作成し，研究していただきたいと願っている。

さて，ここからはしばらく,

　It's time (for you) to be quiet. ────── ⑫

　It's time that you ***stop*** being so noisy. ────── ⑬

　It's about time that you **were** quiet. ────── ⑭

という3つ（⑫⑬⑭）の文章（＝とくに複文⑭）について考えよう。

⑫の不定詞（be）は準動詞である。準動詞は直説法でもなければ仮定法でもない。これにたいして，⑬の ***stop*** は

直説法，⑭の **were** は仮定法過去である。

なお，上から順番（⑫→⑬→⑭）に命令的口調が，やわらかくなる。まず，これを覚えておこう。

ところで，複文⑭を考えるにあたり，

　I'd **be** happy if you **stopped** being so noisy. ──────── ⑮
　I'd **be** happy if you didn't **make** so much noise.
　I wouldn't **feel** so upset if you **stopped** being so noisy.
　I wouldn't **feel** so upset if you didn't **make** so much noise.

という4つの複文を考えてみよう。主節と従属節の関係が，上から順番に「肯定＋肯定」，「肯定＋否定」，「否定＋肯定」，「否定＋否定」となっているのがおわかりいただけるであろうか。

このように，（当たり前のようなことだけれど，これは重要！）仮定法（に，かぎるというわけではないが）を使っていうと，

1)　文が基本的に（少なくとも）4つできる。
2)　どの文もすべて同じ意味である。[39]

この2点をまずしっかり覚えておこう。上の例では，わ

---

[39] 一つの話題について，同じことを別の言い方で展開する。これを rephrasing という。また，同じことを別の言い方でよりわかりやすく展開する。これを paraphrasing という。どちらも「上級」に課せられたタスクである。

かりやすくするために，肯定，否定を対照的にとりあげた。それぞれ別の意味をもつ文章のようにみえるかもしれないが，すべて同じ意味の文章（「静かにしなさい。」）であることを確認しておこう。

It's time .... で，if をトル

さて，先の4つの文の中で，どの文でもよいのだが，とりあえず，

 I'd **be** happy if you **stopped** being so noisy. ……… ⑮

を使って話をすすめることにしよう。

```
... be .... トル  ... is ....  ⟶  ... if ....  ... that ....
```

これまでと同様，ようするに「静かにしなさい。」といいたいわけであるから，主節にある仮定法過去（**be**）をまずトル。つぎに，この仮定法過去を直説法（**is**）に置きかえる。直説法に置きかえるわけであるから，接続詞（if）が不要になる。そこで，これを接続詞（that）に置きかえる。すると，

 It'**s** time that you **stopped** being so noisy. ……… ⑭′

という複文が成立する。会話で，どんどん使っていただきたい文体である。

... would rather .... で，if をトル

つぎのような文体も紹介しておこう。

I'd **be** happy if you **stopped** being so noisy. ……… ⑮

まず，主節にある仮定法過去（**be**）をトル。ただし，トルだけでは文章として成立しない。そこで，これを助動詞＋副詞（would rather）に置きかえる。

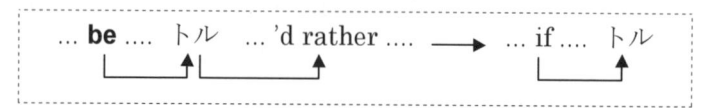

```
... be .... トル   ...'d rather ....  ⟶   ... if .... トル
```

もはや仮定法過去（**be**）がないのであるから，接続詞（if）が不要になる。そのため，これもトル。すると，

I'd rather you **stopped** being so noisy.

という文章が成立する。この文体は会話でよく用いるので覚えておくと，とても便利である。⑭および⑭′には直説法（**is**）がある。これにたいして上の文の特徴は，直説法が存在しないということである。上の文には「直説法がない」。だからこそ，それだけ丁寧な文なのである。この文体も会話で，どんどん使ってみよう。

意味合いが間接的で柔らかい might as well 〜

ここからしばらく，

    You might as well **be** quiet.

    You might as well **stop** being so noisy.

    You might as well **stay away** from him.

    If no one else *wants* it, we might as well **give** it to him. [40]

など，might as well 〜 を使った文について考えてみよう。

　まず，それぞれ may as well 〜 に置きかえて，

    You may as well **be** quiet.

    You may as well **stop** being so noisy.

    You may as well **stay away** from him.

    If no one else *wants* it, we may as well **give** it to him.

というと動詞がすべて直説法（イタリック体）になる。ただし，この場合，had better 〜 と置きかえた文章，

    You'd better **be** quiet.

    You'd better **stop** being so noisy.

    You'd better **stay away** from him.

    If no one else *wants* it, we'd better **give** it to him.

と意味が等しくなる。すべて「脅し」[41] の感情を直接聴者

---

[40] *Oxford Advanced Learner's Dictionary* より。ただし，イタリック体，太字は筆者。

[41] 「〜したほうがよい」という言葉の裏にある「脅し」の感情（＝意味）を思考することなく，とくに had better 〜 を乱用する学習者が多い。

に伝えることを目的とした文章である。

　もちろん，might as well 〜 を使った文についても前後関係により「脅し」の感情をふくむ場合がある。しかし，「脅し」の感情があるにしろ，それを間接的にやんわりと聴者に伝えようとするのが might as well 〜 を使った文である。では，なぜ間接的でやわらかいのだろう。それは，つぎに来る動詞が仮定法（太字）であるからにほかならない。

might as well 〜 では，つねに「森」を考える

ふたたび，

　You might as well **be** quiet.

　You might as well **stop** being so noisy.

　You might as well **stay away** from him.

　If no one else *wants* it, we might as well **give** it to him.

にもどり，ここでは ... might as well 〜 という文体の基本形ともいえる ... might as well 〜 as .... という文体について考えておこう。重要なことを一つお話ししておきたいと思うのである。

　重要なこと。それは，この文体（... might as well 〜 as ....）について，よく耳にする「....するより〜したほうがましだ」という"訳"である。結論からいうと，この

"訳"でもって，単純なことがむしろ不必要に複雑化しているように思えてならない。この"訳"があるからこそ，多くの人がこの文体の意味を正確に理解していないようなふしがあるように思えてならないのである。

たとえば，

You might as well **throw away** your money as **lend** it to him.

という文があるとしよう。すると，この文について，「あの人にお金を貸すくらいなら，捨てたほうがましだ。」という類の"訳"を耳にする。この"訳"が危険な兆候であるといわざるをえないのである。

まずもって，通常，私たちはそのような（変な？）日本語で会話をすることがない。よく使う英語を，めったに使うことのない日本語で思考しようとすること自体に無理があるといわざるをえないのである。これはこのあたりにしておこう。

ところで，実用英語とは「ようするに何をいいたいのか」を考える世界である。You can't see the wood/forest for the trees. という中級の兆候あるいは症状があってはならない。ようするに森を考える。直訳思考で，むずかしく考えてはならない。これが実用英語の世界なのである。

... might as well ～ as .... の「～」および「....」には仮定法がくる。話者が想像（imagination）をはたらかせ，とくに「～」の部分では，「そこまでいわなくてもよいでしょう」といいたくなるようなことを平気でいうのが

英語なのである。英語では,「〜」の部分で大げさにいっていただければいただけるほどよくわかる。日本語では逆にこの部分を考えすぎると,わけがわからなくなってしまうのである。

... might as well 〜 as .... という文体について,
1) ようするに,「....しないでおきましょう」と主張しているにすぎない。
2) 上の主張を明確化するために(「〜」で仮定法を用いながら)仮説の中で話題を大げさに展開しているにすぎない。
3) 大げさであればあるほど,上の主張が理解しやすいのが英語である。
4) 大げさであればあるほど,上の主張が理解しにくいのが日本語である。

といってよいだろう。

You might as well **throw away** your money as **lend** it to him. とは,「お金を捨てたほうが云々」という主節の部分は,単に大げさにそういっているだけのことであるから日本語ではとりあえず無視(というと語弊があるが)しておこう。ようするに「あの人にだけはお金を貸さないでおきましょう。」といっているのにすぎないのである。

> ... might as well 〜 as .... ⟷「....しないでおきましょう」

He *is* a crook. You might as well **argue** with a stone

wall as **reason** with him. という文章があるとしよう。

「石壁と話したほうが云々」という主節の部分は，単に大げさにそういっているだけのことであるから日本語ではとりあえず無視（というと語弊があるが）しておこう。ようするに「あの人と話しあってみようなどと思わないでおきましょう。」，つまり「あの人とは話しあってみようなどと思われないほうがよろしいのではないでしょうか。」といっているにすぎないのである。

それ以上のことは考えない。考えると頭が混乱してくるといってよいだろう。だから考えない。それが実用英語なのである。

might as well ～ は，むずかしく考えない

ところで，... might as well ～ as .... にある副詞節（疑似関係代名詞（疑似接続詞ともよぶ）as をふくむ節）を省略して使いたいことがある。事実，副詞節を省略することが多いのが，この文体の特徴なのである。ここでは，副詞節を省略して，この文体を使うときの注意事項を考えることにしよう。

まず結論からいこう。

... might as well ～ (as ....) ⟷「(....しないで) ～しましょう」

副詞節を省略するのであるから，ようするに「(....しないで) 〜しましょう」といっている文にすぎなくなる。その場合，つまり主節だけで会話したいときには，(ここが重要！) できるかぎり大げさな発想による展開をさけていただきたいということである。ようするに「(....しないで) 〜しましょう」とだけいいたいのであるから，主節 (〜しましょう) で話が大げさになると一瞬理解しにくくなるおそれがあるからである。

たとえば，

You might as well **throw away** your money (as **lend** it to him).

という文につき，副詞節 (( ) 内) を省略するとしよう。すると，

You might as well **throw away** your money.

という主節だけが残り，これでは「お金を捨ててしまいましょう」といっているように聞こえてしまうおそれがある。「何ということをおっしゃるのですか」と，もしかすると聴者が怒りだすことになるかもしれないのである。

副詞節を省略する場合には，

You might as well **refrain** from lending him any money.

と，「〜しましょう」という部分について，そのまますんなりいっていただきたいと思うのである。

ただし，

He *is* a crook. You might as well **argue** with a

stone wall (as **reason** with him).
については，様子が少し異なってくる。

　上の文には導入（introduction＝He *is* a crook.）がある。そのため副詞節（（　）内）がなくてもかまわない。つまり，

　　He *is* a crook.　You might as well **argue** with a stone wall.

というふうに，主節だけで十分に意味がつうじる。ただし，それは（しつこいようだが）導入があるからである。導入がなければ，副詞節がないまま「石壁」の話をしていただいても理解できないといってよい。つまり，導入をも省略するのであれば，

　　You might as well **stay away** from him.

と，「〜しましょう」という部分について，そのまますんなりいっていただきたいのである。

実用英語：「きちんと言えてナンボ」の世界

　「今日は，春みたいな天気ね。」
これを英語でいってみよう。

　　It *feels* like spring today.

である。これはこれでよいのだが，これはもともと，

It **feels** like it **were**[42] spring today.

という文章にある仮定法過去（**were**）を省略してできた文章なのである。ところで，接続詞（like）を他の接続詞（as if, as though）に置きかえると，

　　It **feels** as if it **were** spring today.

　　It **feels** as though it **were** spring today.

という文章が成立する。「今日は春みたいね」という，いわゆる small talk とよばれる程度の会話なら，It **feels** like spring today. という単文でよいが，上のレベルで本格的に会話をしようとするときは，接続詞に as if あるいは as though を使い，副詞節にきちんと（この場合は）仮定法を入れた複文で話していただきたいと思っている。

　　「学校の先生のような話し方をする方なのね。」

　　She **talks** like a school teacher.

という単文でもかまわないのであるが，意味が不明確な文章である。

　　She does **talk** as if she **is** a school teacher.

　　She **talks** as if she **were**[43] a school teacher.

のどちらをいっているのか不明確なのである。She という方が，本当に学校の先生であるならば直説法（**is**）でいう。学校の先生でないのなら仮定法（**were**）でいう。も

---

[42] It **feels** like it **was** spring today. でもよい。
[43] この仮定法過去（**were**）に，「優しそうな方なのね」，「生意気な人ね」など，何らかの感情（＝意味）が隠されている。

ちろん，話者が発する文章が She ***talks*** like a teacher. という単文であっても，聴者にはそのときの状況から直説法，仮定法の判断がつくかもしれない。しかし，それは「聴者まかせの会話（中級）」にすぎない。話者自らが発する文体により，どちらであるか明確でなければならないのが上のレベルでの会話である。「いいたいことを聴者に推し量っていただく会話」であってはいけない。「自らが言えてナンボ」の世界であるのが，本来の実用英語なのである。できるかぎり複文で話すように心がけよう。

「あの人が経営者みたいね。」

He ***acts*** like the owner of this shop.

でよい。ただし，意味をはっきりさせながら話す必要のある場合には，かならず，

He ***acts*** as though he ***owns*** this shop.

He ***acts*** as though he ***owned*** this shop.

のいずれかの複文を使って会話するよう心がけていただきたい。He ***acts*** like the owner of this shop. という単文であるならば，場合によっては，聴者から What do you ***mean***? Could you ***explain***? と聴かれ，意味の説明を求められることがある。そのときはそのときで，（上の複文いずれかをまじえ）きちんと対応せねばならない。常日頃から複文で話せるよう訓練しておこう。

「あの人，機械みたいな人ね。」

(He *is*, as it **were**, a robot.) He **behaves** like a machine.

という単文でいったとしよう。この単文は,

　　He **behaves** as if he *is* a machine.

　　He **behaves** as if he **were** a machine.

という複文が単文になった文である。ただし,直説法(*is*)の文章(イタリック体)は(もちろん,通じることは通じるのであるが,正式な文章としては)成立しない。[44] もともと人間は機械ではないからである。そのため,上の単文の意味は仮定法過去(**were**)をふくむ複文の意味であることは明白である。しかしそれでも,場合によっては,きちんと仮定法過去(**were**)をふくむ複文で会話していただきたいと思うのである。実用英語とは,(しつこいようだが)「きちんと言えてナンボ」という世界である。

「できるかぎりがんばって,きちんという!」

これが,私たち(英語からみれば)外国人に課せられたタスクであると心しておこう。

> [ついでに,It **sounds** like you **had** a very good time. という文があるとして,考えていただきたいことがある。この文にある動詞(had)について,これは直説法の過去時制(**had**)である。仮定法過去(**had**)ではない。その理由を考えていただきた

---

[44] He **behaves** as if he *is* a machine, so to speak. なら,何ら問題はない。

いのである。]

直説法を仮定法に置きかえるための条件

「人間が知的でありえるのは，本というものがあるからだ。」
これを英語でいってみよう。

 We can **be** well-versed because there **are** books to read.

 We can **be** well-read because there **are** books to read.

 We can **be** informed because there **are** books to read.

 We can **be** educated because there **are** books to read.

 We can **be** literate because there **are** books to read.

助動詞を解説しはじめると，少しわかりづらいところがあるかもしれないが，can とは「低いひくい可能性」を語るときにもちいる助動詞である。

ところで，「(知的で) ありえる」の「ありえる」という日本語の裏には「知的でありえる」ことへの，何かしら「誇り」，「歓喜」などの感情がふくまれているのかもしれない。しかし，(ここが重要！) 助動詞 can には，そうした感情は一切ふくまれていない。助動詞 can は，ただ

「低いひくい確率ではあるが，（本当に[45]知的になれる）可能性がある」といっているのにすぎない。ようするに，We can *be* …. という主節[46]には感情がふくまれていないのである。

そこで，「知的でありえる」という言葉にふくまれていると思われる**誇り**というか**歓喜**というか，そういう**感情**を英語の主節に組みこむことにしよう。

動詞が直説法であるかぎり，別の言葉（例：Good news *is* that ….）でもって直接その感情を表現するしかない。

Good news *is* that we can *be* well-versed because there *are* books to read.

ただし，（少しややこしいかもしれないが）この文章には不明確な要素がある。理由をあらわす副詞節（because ….）が，どちらの直説法（*is* ? *be* ?）とお友だちであるかが不明確なのである。*be* とお友だちの副詞節でなければならないのであるが，*is* とお友だちの副詞節である可能性も排除できない。つまり，不明確なのである。上のレベルでは，このような不明確な要素はできるかぎり排除する英語でなければならない。さて，この不明確性をどう解説すればよいだろう。

ところで，上の英語には Good news …. という言葉で

---

[45] 助動詞 can につづく動詞（この場合は be）が直説法（*be*）であることから，「本当に」という日本語を使っている。
[46] ただし，副詞節には感情をあらわす副詞（there）がふくまれていることに注目しておこう。

もって**喜びの感情**をあらわしている。つまり，（ここが重要！）このように喜びの感情が言葉（Good news）でもって明記されているからこそ，直説法（***be***, ***are***）を仮定法に置きかえることができるのである。

ここのところは重要である。整理しておこう。
1) 直説法を即，仮定法に置きかえることはできない。
2) 仮定法に置きかえるためには，直説法をふくむ文中に直接感情をあらわす言葉（例：sorry など）がなければならない。
3) 上の文には，Good news .... という感情をあらわす言葉がふくまれている。まず，これを確認する。
4) その上で，ここにある直説法（***be***, ***are***）は仮定法に置きかえることができるのである。
5) ただし，（ここも重要！＝後で解説する）直説法をいったん仮定法に置きかえると，2)–3) にあった感情を直接あらわす言葉（例：sorry, Good news など）はもはや不要となる。仮定法そのものにその**感情がふくまれる**からである。

ここでふたたび，

Good news ***is*** that we can ***be*** well-versed because there ***are*** books to read.

にもどろう。

不明確な要素をふくむ文である。ただし，**感情**をあらわす言葉をふくんでいる。つまり，直説法（***be***, ***are***）を仮定法に置きかえてよいという条件がととのった文でもある

わけだ。

> **主節が先か，従属節が先か。考えながら対話する**

　先の文にある直説法（**be**, **are**）をそれぞれ仮定法過去（**be**, **were**）に置きかえて，

　We could **be** ignorant if there **were**n't any books (to read).

　We could n't **be** well-versed if there **were**n't any books (to read).

　We couldn't **be** well-read if there **were**n't any books (to read).

　We couldn't **be** informed if there **were**n't any books (to read).

　We couldn't **be** educated if there **were**n't any books (to read).

　We couldn't **be** literate if there **were**n't any books (to read).

など，形容詞をかえれば，いろいろ仮説の文が成立する。

　ここで重要なこと。それは，上のように直説法をいったん仮定法に置きかえると，感情をあらわす言葉（sorry, Good news など）が不要になる。それぞれの仮定法（例：**be**, **were**）にその**感情**がふくまれてしまうからである。ここのところは非常に重要である。これこそが，「仮

定法の核心」であるといってよいだろう。

　さて、ここでは、

　　We could **be** ignorant if there **were**n't any books.
という文を使って、いろいろ考えてみることにしよう。

　まず、上の文は主節＋副詞節（従属節）の順序で発話されている。これが通常の順序である。だから、これはこれでよい。ただ、場合によっては順序を逆に発話したいこともある。つまり、副詞節（条件節）を強調しながら発話したい状況も、ときにはあるのである。そういうときには、

「強調したい部分を先にいう。」

　これを**強調**とよんでいる。[47] 上の文にある副詞節を強調したいとしよう。その場合は、

　　If there **were**n't any books, we could **be** ignorant.
と副詞節＋主節の順序で発話するのである。[48] ここでは、副詞節を強調した上（副詞節＋主節）の文章を使って話をすすめることにしよう。ただし、実践では、前後関係におうじて、主節＋副詞節、副詞節＋主節の順序を使い分けながら対話することが必要なのである。

---

[47] なお、「強調文」とは「強調」の延長であることを確認されたい。
[48] 学習者の多くには、この規則をよく理解していないふしがある。前後関係からして、理由もなく副詞節を先に発話する学習者が多いからである。

どんどん会話で使おう仮定法過去

If there **were**n't any books, we could **be** ignorant.
にある接続詞（If）をトルことからはじめよう。

```
      If ──→ トル ──→ 倒置する
```

ここのところは少しややこしいのであるが，基本的にいうと，接続詞（If）をトルから，副詞節にある主語と動詞の順序を入れ替えて倒置するのである。ただし，（少しややこしいというのはここである）If there **were**n't any books …. というもとの副詞節は，もともと倒置になっている副詞節である。ここのところが理解しにくいかもしれないと思うから，〈少しややこしいところがあるかもしれない〉と思ったのである。

　［ついでに解説しておこう。A book *is* on the table. という文があるとする。これは感情をふくまない文である。前にもいったが，感情のないコンピュータが発話しているような文である。［43-44 頁参照］

　そこで，**感情を移入するための副詞（there）** を追加しよう。

　副詞であるから動詞（*is*）に近いところに there を入れ，A book *is* there on the table. とする。

　つぎに，副詞（there）を強調するため前に出していうのであるが，そのときに主語と動詞を逆にい

う。つまり倒置して，There ***is*** a book on the table. というのである。

　なお，参考のため，... on the table. という副詞句を，場所をあらわす副詞（there）に置きかえて，There ***is*** a book there. といったとしよう。ここで**感情**をあらわす副詞（There）と場所をあらわす副詞（there）との間に混同があってはならないのである。]

倒置されているものを倒置するというのもおかしいのであるが，ようするに倒置するのである。ただ，この場合はもともと倒置されているわけであるから，あらたに倒置する必要はない。ということで，接続詞（If）をトルことにより，

Were there not any books, we could **be** ignorant.

という文章が成立するのである。[49]

つぎにいこう。

感情をあらわす副詞（there）をトルことにしよう。もともと仮定法過去（**were**）に感情がふくまれているのであるから，しいて副詞（there）を残しておく必要がないからである。

---

[49] （しつこいようだが）倒置とは主語と動詞の順序を入れ替えることであり，副詞（there）の位置をいうのではない。上の文では仮定法過去（**were**）が先にあり，主格（any books）が後にある。つまり，倒置（inversion）になっている。

If it **were** not for books, we could **be** ignorant.
という文章が成立する。ここでも接続詞（If）をトッてしまおう。その場合，主語と動詞を倒置して，
　　Were it not for books, we could **be** ignorant.
という文章が成立する。

　つぎにいこう。
　森を考えると，ようするに「人間が知的であることに喜びを感じる」という主旨の文である。つまり，いってみれば主節だけがいいたい文であり，条件節（副詞節）にある仮定法過去（**were**）はなくてもよい。これ（**were**）もついでにトッてしまおう。なお，（これも重要！）仮定法過去をトルわけであるから，接続詞（If）が不要になる。すると，
　　Without books, we could **be** ignorant.
　　But for books, we could **be** ignorant.
という文章が成立する。なお，この文体については，副詞句（Without 〜，But for 〜）に注目しておこう。副詞句には，もはや仮定法は存在しない。ただ，もとの仮定法過去（**were**）に隠されていた意味（＝**感情**）が，副詞句の中に隠れているのである。

　つぎにいこう。
　　There ***are*** many good books to read; otherwise, we could **be** ignorant.

という重文[50]も覚えておこう。この文体も実践ではよく使う。ただ,この文体については,いろいろ注意事項(というほどでもないかもしれないが)があるので,つぎのとおり列挙しておこう。

1) まず直説法(例:**are**)で文をいう。
2) 動詞が直説法であるから,少しでも**感情**を直接あらわす言葉を入れる(例:many good (books))。
3) つぎに,副詞 otherwise をいう。
4) 副詞 otherwise につづく文中で仮定法(例:**be**)をいう。

ということなのであるが,中でも 2) に注目しておいていただきたい。

さて,いろいろ異なる文を紹介してきた。ここで重要なことは,どの文もどの文も,

「意味は,すべて同じ。」

であるということだ。文により異なる"訳"をつけ,それぞれが異なる意味をもつ文だという勘違い(?)があってはならない。どれもこれも,ようするに「人間は知性のあるすばらしい動物であってよかったね。」という意味の文なのである。またどの文も,会話でどんどん使っていただきたい文なのである。

---

[50] もともと重文とは,「中級」の話者が多く使用する文体であるが,上の重文は仮定法をふくむ非常に高いレベル(超級)の重文である。

勇気をだして，思い切り発想の転換をしてみよう

A nation, which **stopped** working, would **be** dead in two weeks.

という複文を解説しておこう。仮定法をふくむこの種の複文も上のレベルの会話では，よく使われるからである。

まず，もとの文章を考えよう。

副詞節（条件節）　◆――――▶　非制限的用法の形容詞節

A nation would **be** dead in two weeks if they **stopped** working.

という文章がもとにある。その文中にある副詞節（... if they **stopped** ....）を非制限的用法の形容詞節[51]に置きかえたのが先の複文なのである。ただ，それだけのことである。あまりむずかしく考えない。

「意味は，どちらの文も同じ」である。それぞれが意味を別個にもつ文章だと考えることがあってはならないのが実用英語なのである。

A nation, which **stopped** working, would **be** dead in two weeks.

---

[51] 形容詞節には，「制限的用法の形容詞節」と「非制限的用法の形容詞節」という二つの形容詞節がある。これを使い分けて会話できるレベルは（ただし，動詞は直説法），上級の中でもとくに高いレベルの上級である。

A nation would **be** dead in two weeks if they **stopped** working.

という二つの文章にある主節を考えてみよう。どちらも，A nation would **be** dead in two weeks. である。… might as well 〜 as …. のところでもお話ししたが，

　「仮説の文における主節が，副詞節をともなう場合には，話者は副詞節の中にある仮定法を強調するため，主節では大げさに展開する。」

想像（imagination）をはたらかせ，どんどん話をふくらませる。英語では，話が大きくなればなるほど副詞節の中の仮定法の意味がよくわかる。ところが，日本語では主節の部分を考えすぎると意味がわからなくなってしまうおそれがあるのである（89-90 頁参照）。

　ようするに主節は副詞節の中の仮定法に隠されている**感情**（＝意味）を明確にするために大げさにいっているのにすぎない（と考えるのが，日本語では理解しやすいと考えている）。この理由から，主節（A nation would **be** dead in two weeks.）での仮説は，ここでもとりあえず無視しておこう。

　（しつこいようだが，副詞節をともなう場合）意味を考える上で重要となるのが副詞節にある仮定法（この場合，**stopped**）に隠されている感情である。

　前後関係がわからないので何ともいえない部分があるが，とりあえずこう考えてみよう。

　日本なら日本という国において，古代国家が形成された

時代がかつてあった。それ以降，国を治める指導者は時代とともにかわってはきたが，今にいたり日本という国は存続してきたのである。これからも存続するのであろうが，これについて**感謝**（というべき感情だろうか）しなければならないことが少なくとも二つある。

一つは（当たり前のことのように思えるのだが，じつはそうではないのかもしれない）地球という惑星が存続し，日本列島というものが存在してくれていること。

もう一つは，国を治める指導者がかわり，（日本史を忘れてしまったので，とりあえず）律令国家といわれた時代の制度から，いろいろな過程をとおし封建制度へ。また封建制度から帝国主義，そして現代の民主主義（といわれる制度）にいたるまで，いろいろ制度上違いはあったものの，それぞれが制度として何とか機能してきたということである。

と，専門的知識がなく，まあ，とりあえず適当にお話しできる。これを日常会話あるいは実用英語というのである。それは，さておき，今二つ列挙した**感謝**の対象項目のうち，二つ目の対象項目についてふたたび考えてみることにしよう。

歴史をふりかえると，いろいろあった。しかし，時代におうじてそれぞれの制度が何とか機能してきた（これを仮定法でいうと **stopped**）のである。**ありがたいことではないか**（という**感情**が，仮定法過去（**stopped**）に隠されている）。また，この「**ありがたいことではないか**」とい

う**感情**が先の二つの複文の意味なのである。

　何だかよくわかったようで，よくわからないところがあるかもしれない。実用英語とは，**森**しか見ない（というと語弊があるが）ものだから，ぼんやりしている部分があるかもしれない。しかし，つねに勇気をだして，思い切り発想の転換をはかっていただきたいと願うのである。実用英語とは，やってみると結構おもしろいものなのである。

第4章　仮定法過去完了

おだやかに語りかける助動詞 should

「どうして静かにしていなかったの？」
これを英語でいってみよう。

Why **were** you so noisy?

How come you didn't **stop** being noisy?

I **wanted** you to be quiet.

Didn't you **know** you had to **be** quiet?

Weren't you **expected** to be quiet?

Weren't you **warned** to stop being noisy?

You should have **been** quiet.

You ought to have **been** quiet.

I'd have **liked** you to be quiet.

I'd have **preferred** you to be quiet.

I'd rather you had **been** quiet.

I **wish** you had **been** quiet.

I **wish** you'd have **been** quiet.

How I **wish** you'd have **been** quiet!

If only you had **been** quiet.

If only you'd have **been** quiet.

Wasn't it necessary that you **be**[52] quiet?

Weren't you **advised** that you **be**[53] quiet?

---

[52] 本書では，これを第6章（仮定法現在）であつかう。
[53] 同上

などなど，いいだせばきりがない。例は，このあたりにしておこう。

　さて，ここでは，
　　You should have **been** quiet.
　　You ought to have **been** quiet.
という二つの仮定法過去完了（**been**）について考えておこう。

　それぞれの仮定法過去完了には，should / ought (to) という助動詞と have という助動詞が使われている。英語では前者を modal verb，後者を auxiliary verb とよんでいる。呼び名が異なるのは，それぞれの役目がちがうからである。前者は動詞（mood）の意味（＝感情）に変化をあたえる役割，後者は動詞の時制をきめる役割をもつ助動詞である［40 頁の脚注 11 参照］。

　重要なことであるため，整理しておこう。
1) should / ought (to) など，modal verbs とよばれる助動詞は，**動詞（mood）の意味を変える**。
2) have, do, be など，auxiliary verbs とよばれる助動詞は動詞の時制や態を決定する。

　ここで重要なことは，いずれの助動詞についても，助動詞自体が意味をもっているのではないことである。いかなる文においても，文の中心は動詞であり，動詞に何らかの影響をあたえる役割をはたしているのが助動詞なのである。いわゆる"受験英語"とは異なり，実用英語（日常会

話）とは，そういう思考をする特異な分野の英語であるのかもしれない。実用英語の世界においては，助動詞に固定した"意味"をあたえ，また固定した"意味"により思考自体も固定化させてはならない。つねに flexibility / adaptability でもって柔軟に，且つ臨機応変に対応せねばならない世界なのである。

　多くの英語学習者にみられる危険な兆候は should という助動詞について，これを「べき」とする思考であろう。

　これは実際あった話なのであるが，アメリカに語学留学していたという人が,

　　「アメリカ人は，すぐに〈べき〉という。〈べき〉という言葉を聞くたびに不愉快な気持ちがしてならなかった。」

という主旨の話をしていたことがある。つまり，「べき」という思考に「超級」の概念が欠如している結果生じた誤解なのである。私たち（英語からみれば）外国人が，かならずしも「超級」というレベルである必要はないかもしれない。しかし，ある程度，「超級」の概念をもつ学習者でなければならないのである。

　should とは，もちろん「べき」であるときもあるかもしれないが，「べき」に概念を固定化させてはならない。should とは，shall という助動詞の過去形の助動詞である。

　　「一歩さがって，逆をいう。」

shall という助動詞から，一歩さがった時制の助動詞なの

である。一歩さがった助動詞であるからこそ，動詞に**一歩さがった感情をあたえる助動詞**なのである。動詞が一歩さがるとは，意味（感情）が**それだけ丁寧になる**ということである。should とは，そのように動詞を丁寧に聞こえさせる助動詞なのである。「べき」という日本語は，一般に相手に不快感をあたえる言葉だといってよい。英語では，不快感をあたえてはいけないから，わざわざ動詞に一歩さがらせている。

　これについて危険な兆候。それは，せっかく不快感をあたえないように配慮した英語について，これをわざわざ不快感をあたえるような日本語で"意味"を固定化し思考しているふしのある学習者が多いことである。実用英語において，あってはならない思考なのである。

　ところで，should あるいは ought (to) という助動詞を使って発話する話者の**感情**であるが，本心では「怒り」「不快感」あるいはそれに類する感情をいだいているのかもしれない。しかし，それを直接いってしまうと聴者に不快感をあたえてしまう。そこで，一歩さがり，丁寧な口調で発話するのである。

You should have **been** quiet. / You ought to have **been** quiet. という英語を日本語に置きかえるとすれば，「なぜそんなにやかましかったの？」という日本語でよいだろう。

　日本語について，とやかく悩まない。重要なことは仮定

法過去完了（**been**）に隠されている**感情**[54]である。その感情を理解していることがわかる日本語でよいわけだ。

文の「主語」も考えながら話す仮定法

　　If I had **been** you, I'd have **been** quiet.
という複文を考えてみよう。

　これは，先の You should〔ought to〕have **been** quiet. よりも，はるかに丁寧な文である。なぜならば，
「主語が you ではない！」
主語が you であるのが前頁の単文である。これにたいして上の複文では主語が you ではない。you という言葉をさけている。ここが重要なのである。上の複文と先の単文では，主語[55]に大きな違いがあるのである。

　前にもいったが，**感情**をあらわす副詞（there）を強調したいときは，その副詞を先にいう。副詞節（例：If I had **been** you ....）を強調したいときは，その副詞節を先にいう。つねに，強調したい語，句，節を先にいう。これを**強調**という。これについて同じようなことが文の「主

---

[54] 仮定法過去完了（**been**）に隠されている感情は「怒り」「不快感」あるいはそれに類する感情であろう。その感情を隠しながら，おだやかな口調で発話している。

[55] 能動態，受動態の選択においても重要なことは「主語」である。「主語」の選択により態を決定するのであるが，本書では解説を省略する。

語」についてもいえるのである。

　ところで，前頁の複文について，これを「もし私があなただったら，静かにしていたのに。」という"逐次訳"で思考する傾向にあるような気がしてならない。これは大変危険な兆候であることを知っていただきたいと思うのである。

　先でも述べたとおり，仮定法過去にしろ，仮定法過去完了（前頁の **been**）にしろ，仮定法とは何らかの**感情を間接的に伝える**ための動詞（mood）である。せっかくやんわり伝えようとする感情が，日本語においては「〜していたのに」という，むしろ不快感をおぼえる言葉に置きかえるとすれば，それは明らかに誤訳なのである。実用英語という世界において，つねに重要なことは，

　　「**話者の感情**」

　　「**話者が一番いいたいこと**」

なのである。それを的確に伝えることが日常会話のみならず，通訳や翻訳においても最重要課題なのである。

　ようするに上の複文は，

　　「どうして静かにできなかったの？」

といっているのにすぎないのである。[56]

---

[56] ただし，仮定法過去完了（**been**）に，もしかすると「不快感」という感情が隠されているのかもしれない。その場の状況におうじて，何らかの感情が隠されている。

心で感じる，論理的に整理する。これが実用英語

ここで余談ではあるが，"受験英語"と実用英語の相違点について重要なことを指摘しておこう。

どこか美術館へ絵の鑑賞にいったとしよう。たしかに目で見て絵を鑑賞するのであるが，実際には「目」で鑑賞しているというよりも，むしろ心で鑑賞しているのである。どうもうまく説明できないのであるが，目は単なる媒体（というのであろうか？）にすぎず，本当は絵から感じる何かしらの感動を**心に受けとめ**，その感動を**心で鑑賞**しているのである。

日本語で読書をしたとしよう。たしかに目をとおして読書をしているのであるが，実際には小説なら小説にある言葉を声あるいは音として**心で受けとめ**，その声あるいは音から伝わる何かしらの感動を**心で鑑賞**しながら読書をしているのである。

先日，つぎのような質問をうけた。

「受験英語をもう一度勉強しなおしています。〈非制限的用法の形容詞節の前には，かならずコンマがある。コンマがあれば非制限的用法の形容詞節であるから，コンマがあるかないかに注意しよう〉と参考書に書いてありました。非制限的用法の形容詞節には，かならずコンマが必要なのですか。」という主旨の質問であった。

そこで，つぎのような主旨の回答をしておいた。

第4章 仮定法過去完了　119

　「非制限的用法の形容詞節の前には，かならず comma があるとはいえない。もしかしたら，comma を置き忘れているかもしれない。とくに，非制限的用法の形容詞句においては comma を置き忘れることがよくある。また，最近の傾向としては，非制限的用法の形容詞節であるにもかかわらず，関係代名詞に that を用い，[57] comma を置くことなく，制限的用法の形容詞節のごとく展開している文を読むこともあるし，聴くこともある。通常，非制限的用法の形容詞句や形容詞節の前で（関係代名詞が that である場合をのぞき）comma を置き忘れるということは考えにくいのであるが，たまたま comma がなかったとしても気にすることはない。ようするに，comma があればあるときの音読をし，comma がなければないで，comma を挿入したときの音読をすればよい。黙読しながらでも，心の中で音読しているのが実用英語なのであり，その声を**心で聴きながら**文が伝えようとする何かしらの感動を受けとめる。それが文の意味であり，それを考えるのが実用英語なのである。」

　だらだらとした回答であったかもしれないが，まあ，そういう主旨のことを話しておいた。

　昔，某大学を退官された名誉教授が，別の大学でしばらく教鞭をおとりになったことがある。〈目をたよりに英語

---

[57] ただし，「非制限的用法の形容詞節に関係代名詞 that を用いることについて，保守的なところがあるかもしれないが，これにはまだ受けいれがたいところがある。」ともつけ加えておいた。

を学習する学生にたいして、目で英語を読みとるのではなく、肌で英語を感じることが重要なのだ〉という主旨の講義をなされたあと、学生に目は閉じさせ、目を閉じたまま教科書にある英語を指でなぞりながら英語を読むという授業をなされたことがある。学生には教授の意図するところがつうじなかったのであろう。学生課に申し出をおこない、その結果、教授はその大学を去ることになってしまった。

「いいんだよ。わからん者にはわからんのだから。」
と、後日、教授が私に話してくださったのを思い出す。

「目を閉じ、指でなぞりながら英語を読む」ことまではどうかと思うのではあるが、教授が学生に伝えたかったこと。それは、ようするに実用英語とは、筆者・話者が読者・聴者に伝えようとする感動は目で受けとめるのではないこと。肌（耳）をとおして、**心で受けとめる**ものである。これを学生に伝えたかったのである。

実用英語とは、目にみえる語句を逐語的に"訳す"という世界ではない。語句から受ける感動（**感情＝意味**）を**心で感じる**。さらに、心で感じた意味（＝**感情**）を論理的に整理する世界なのである。

ちょっとした仮定法。知って会話に幅がでる

もとにもどって、

I'd have **liked** you to be quiet.

I'd have **preferred** you to be quiet.

について考えよう。

　上はいずれも仮定法過去完了（**liked**, **preferred**）を使った文である。直説法を使って味気なくいえば，I ***wanted*** you to be quiet. という文になるのであるが，それを丁寧な口調[58]でいった文が上の二つの文であることを確認していただきたい。なお，意味はいずれも，

　　「どうして静かにできなかったの？」

である。このように仮定法過去完了（例：**liked**, **preferred**）をふくむ文章を，どんどん会話で使ってみよう。会話に幅がでる。もっともっと会話が楽しくなる。試していただきたい。

どんどん会話で使おう仮定法過去完了

　つぎにいこう。ここでは，

　　I'd rather you had **been** quiet.　　　　　　　　　⑯

　　I'd rather you'd have **been** quiet.　　　　　　　　⑯′

　　I ***wish*** you had **been** quiet.　　　　　　　　　　⑰

　　I ***wish*** you'd have **been** quiet.　　　　　　　　　⑰′

---

[58] 直説法（***wanted***）にふくむ感情（おそらく不快な感情）を，（やわらかい口調で）間接的に伝えているのが仮定法過去完了（**liked**, **preferred**）である。

How I **wish** you'd have **been** quiet!　　　　　⑰〃
　　If only you had **been** quiet.　　　　　　　　　⑱
　　If only you'd have **been** quiet.　　　　　　　　⑱′

という7つの文章にある仮定法過去完了（**been**）について，まとめて考えておこう。ここでの考え方は，先の仮定法過去で用いた考え方とまったく同じ考え方である。

　まず，

　　I'd have **appreciated** it if you had **been** quiet.

という複文を考えてみよう。森を考える。ようするに，副詞節（条件節）にある仮定法過去完了（**been**）をいいたいのであるから，主節の仮定法過去完了（**appreciated**）は，いわないでおこう。

　… **appreciated** ….　⟶　トル　⟶　I'd rather ….

　まず，仮定法過去完了（**appreciated**）をトル。つぎにこれを I'd rather …. に置きかえる。

　　　　　… if ….　　⟶　　… (that) ….

　最後に接続詞（if）を that に置きかえる。すると，

　　I'd rather (that) you had **been** quiet.

という文（⑯）が成立するのである。

　なお，

　　I'd rather (that) you would have **been** quiet.

という文（⑯′）は，第3章（仮定法過去）でも解説したとおり，「話者が，もと副詞節の主語（you）にたいして

尊敬の念をこめて発話している」ことをしめす文なのである [80頁参照]。

つぎにいこう。
ふたたび，I'd have **appreciated** it if you had **been** quiet. という複文を考えてみよう。

```
... appreciated ....  ⟶  トル  ⟶  ... wish ....
```

上の複文にある仮定法過去完了 (**appreciated**) をまずトル。つぎにこれを直説法 (**wish**) に置きかえる。

```
        ... if ....   ⟶   ... (that) ....
```

最後に接続詞 (if) を that に置きかえる。すると，

 I **wish** (that) you had **been** quiet.
という文 (⑰) が成立するのである。なお，

 I **wish** (that) you would have **been** quiet.
という文 (⑰′) は，「話者が，もと副詞節の主語 (you) にたいして尊敬の念をこめて発話している」ことをしめす文である。

さらに，

 How I **wish** (that) you would have **been** quiet!
という文 (⑰″) は上の文 (⑰′) を感嘆文に置きかえたにすぎないのである。

つぎにいこう。ただし，その前に，

(If I had **been** you,) I'd have **been** quiet.

について考えておきたいことがある。この複文では，ようするに主節にある仮定法過去完了（**been**）だけをいいたいのである。しいて副詞節にある仮定法過去完了（**been**）をいわなくてもよい。トッてしまおう。すると，

I'd have **been** quiet.

だけが残る。じつは，これだけでもよいのである。ようするに，「どうして静かにしておれなかったの」というところだけいえばよいわけだ。

もとにもどろう。

(I'd have **appreciated** it) if you had **been** quiet.

という複文については，先の複文とは異なり，ようするに従属節にある仮定法過去完了（**been**）だけいえばよい。しいて主節にある仮定法過去完了（**appreciated**）をいわなくてもよい。トッてしまおう。

ただし，

... if you had **been** quiet.

という副詞節だけでは文章として成立しない。そこで副詞（only）をつけ加える。すると，

```
       ... if ....  ⟶  If only ....
```

If only you had **been** quiet.

という文（⑱）が成立する。なお，

If only you would have **been** quiet.

という文（⑱′）は，これも「話者が，もと副詞節の主語

(you) にたいして尊敬の念をこめて発話している」こと
をしめす文なのである。

どの文体でもよい。仮定法過去完了（**been**）に隠され
ている意味（＝**感情**）はすべて同じである。仮定法を，い
ろいろな文体でどんどん会話の中で実践してみよう。きっ
と会話が楽しくなる。

ためになる言葉。味わいながら実行する

〈第二次大戦中アメリカの軍の戦時外国語教育を先導し
た L. ブルームフィールド〉[59] という人が，すごいことを書
き残しておられるようである。

　Language learning is overlearning; anything less is
of no use.

これはすごい！　ようするにこういう意味の文である。
「言葉を学習するということは，同じことを繰り返し
くりかえし，また繰り返しくりかえし，それでもまた繰
り返しくりかえし学習することである。ただ何度か繰り
返しただけでは，な〜んの意味もない。」

田所信成氏は，これを『超学習』とよんでいる。
ところで英語には，spaced repetition という言葉があ

---

[59] 田所信成著『ことば学原論』（海鳥社）より。Leonard Bloomfield
（1887-1949）言語学者。

る。「一度に何度も繰り返すのではなく，定期的に等しい間隔をあけて，何度もなんども同じことを繰り返しましょう。」という意味の言葉である。

Language learning is overlearning .... にしろ，『超学習』にしろ，spaced repetition にしろ，ようするにすべて同じことをいっているのである。

よく考えてみると，私たちが話す日本語という言葉にしろ，昔学校で算数の時間に習った掛け算にしろ，すべてoverlearning, 超学習, spaced repetition という"方法"で身につけてしまっていることばかりなのである。テレビやラジオなどによる commercials は，もしかすると，これを利用しての commercials であるのかもしれない。

余談が，別の余談に飛んでしまったかもしれない。ようするに，上3つのどの言葉でもよい。(できればすべて)大きな字で紙に書き，自宅の部屋で一番目につきやすいところにはっておいていただきたいと思うくらい重要な言葉ばかりなのである。

ここでふたたび，本論にもどって考えよう。

If ⟶ トル ⟶ 倒置する

If I had **been** you, I would have **been** quiet.

I would have **appreciated** it if you had **been** quiet.
という二つの複文について，それぞれの副詞節にある接続詞 (If / if) をトルことにしよう。ただし，トルだけでは

文章として成立しなくなる。そこで倒置する。

ただし，（いうまでもないことではあるが）この場合の倒置は，助動詞（had）を先にいうことによる"倒置"なのである。

　　Had I **been** you, I would have **been** quiet.

　　I'd have **appreciated** it had you **been** quiet.

これも日常会話（実用英語）ではよく使う。上のレベルをめざし，overlearning，超学習，spaced repetition で何度もなんども繰り返しくりかえし学習しておこう。

直説法では感情をいう。仮定法ではいわなくてよい

つぎに，
「時間がかかったのは，やり方がわからなかったからである。」
という日本語を英語に置きかえて考えてみよう。

　　I **ended up** wasting a lot of time because I didn't **know** what to do with it.

直説法（**ended up**, **know**）でいうと上のような複文になる。これはこれでよい。

ただし上の文を即，仮定法をふくむ文に置きかえることはできない。上の文には**感情**がふくまれていないからである。そこで，この文については「そういうことでごめんなさいね」という感情をふくめてみよう。☹

I'***m*** sorry, but I ***ended up*** wasting a lot of time because I didn't ***know*** what to do with it.

ここで初めて直説法(***ended up***, ***know***)を仮定法に置きかえてよいという条件がととのったわけである。

仮定法に置きかえてみよう。ここでは,

If I had **known** what to do with it, I'd have **saved** a lot of time.

If I had **known** what to do with it, I wouldn't have **wasted** so much time.

If I hadn't **been** ignorant of what to do with it, I'd have **saved** a lot of time.

If I hadn't **been** ignorant of what to do with it, I wouldn't have **wasted** so much time. ……… ⑲

という4つの複文を考えてみよう。主節と従属節の関係が,上から順番に「肯定+肯定」,「肯定+否定」,「否定+肯定」,「否定+否定」となっているのがおわかりいただけるであろうか。

このように,(当たり前のようなことだけれど,これは重要!)仮定法(に,かぎるというわけではないが)を使っていうと,

1) 文が基本的に(少なくとも)4つできる。
2) どの文もすべて同じ意味である。

この2点を確認しておこう。上の例では,わかりやすくするために,肯定,否定を対照的にとりあげた。それぞれ別の意味をもつ文章のようにみえるかもしれないが,よう

するにすべて,

「やり方がわからなかったので,時間がかかってしまった。」

という意味の複文である。

さて,上の4つの複文からどれか一つ例にとって話をすすめよう。最後の複文 (⑲),

If I hadn't **been** ignorant of what to do with it, I wouldn't have **wasted** so much time. ……… ⑲

でいってみよう [これについては, 102-103 頁参照]。

　　　　　　If ⟶ トル ⟶ 倒置する

まず,つい先ほどと同じである。接続詞 (If) をトッてしまおう。そして倒置する。すると,

Had I not **been** ignorant of what to do with it, I wouldn't have **wasted** so much time.

という複文が成立する。

つぎにいこう。

　　　　　　　　　I ⟶ it

もとの複文 (⑲) の主語を I から it に置きかえると,

If it had not **been** for my ignorance of what to do with it, I wouldn't have **wasted** so much time.

という複文が成立する。

> If ⟶ トル ⟶ 倒置する

これについても接続詞（If）をトルことにしよう。そして倒置する。すると，

Had it not **been** for my ignorance of what to do with it, I wouldn't have **wasted** so much time.

という複文が成立するのである。

つぎにいこう。

> ... **been** .... ⟶ トル ⟶ 副詞句に置きかえる

まず，もとの複文（⑲）にある仮定法過去完了（**been**）をトル。仮定法過去完了をいわないかわりに，これを副詞句（Without 〜，But for 〜）でいう。すると，

Without my ignorance of what to do with it, I wouldn't have **wasted** so much time.

But for my ignorance of what to do with it, I wouldn't have **wasted** so much time.

という単文が成立する。[60]

つぎにいこう。

> 仮定法過去完了 **been** ⟶ 直説法 *was*

---

[60] ただし，この単文はいうまでもなく，「超級」レベルの高度な単文である。

まず，複文（⑲）にある仮定法過去完了（**been**）を直説法（*was*）に置きかえる。

　　　副詞 otherwise ＋ 仮定法過去完了 **wasted**

つぎに，副詞（otherwise）をいう。最後に仮定法過去完了（**wasted**）をいう。すると，

　I was ignorant of what to do with it; otherwise, I wouldn't have **wasted** so much time.

という重文が成立するのである。[61]

肝心なことは，

「どれでいっても，みな意味が同じである。」

ということである。

　「申し訳ないのですが，やり方がわからなかったものですから，ついつい時間を費やしてしまいました。」

といっているにすぎない。[62] それぞれの文につき，それぞれ異なる"意味"を逐語的に思考してはならない。それが実用英語（日常会話）なのである。

---

[61] この重文についても，いうまでもなく「超級」レベルの高度な重文である。

[62] ただし，それぞれの仮定法過去完了に「申し訳ありませんでした」という感情（＝意味）が隠されている。仮定法をふくむ文では，（ここが重要！）これを直接いわなくてもよい。

隠れている感情そのものが文の意味

「あの人，以前このあたりに住んでいらっしゃったことがあるのかしら。そんなふうに聞こえるわ。」
これを英語でいってみよう。

She *talks* as if she has *been* here before.

She *talks* as if she had **been** here before.

のように，直説法（**been**）および仮定法過去完了（**been**）を使った文を二つ考えてみることにしよう。どちらの動詞（＝法＝mood）を使って発話すればよいだろう。

問題は，she という人が，「以前このあたりに住んでいたことがある人」なのか，「以前このあたりに住んでいたことのない人」なのかである。それによって動詞がかわってくる。前者であるならば直説法（**been**），後者であるならば仮定法過去完了（**been**）という動詞を使って発話する。

後者だとしよう。

さて，

She *talks* as if she had **been** here before.

この仮定法過去完了（**been**）には，どのような意味（＝感情）が隠されているのであろうか。考えてみることにしよう。

「このあたりに住んでいたことがないのに，そんなふ

うな話し方は少しおかしいんじゃない？」
という疑問にも似た感情かもしれない。

「このあたりに住んでいたことがないのに，あんなに上手に話せて，さすがね。」
という喜びに似た感情かもしれない。

「このあたりに住んでいたことがないくせに，知ったかぶりして，おかしいね。」
という怒りに似た感情かもしれない。

どの感情が隠れているのかわからない。上の仮定法過去完了（**been**）には，何らかの**感情**が隠れている。しかし，どの感情なのかはわからない。わからないから，またそれだけ仮定法（例：前頁の **been**）は奥ゆかしいのである。また，隠れている感情そのものが文の意味そのものなのである。

直説法と仮定法の間には，時制の一致がない

ここでいうことは少しややこしいところがあるかもしれない。大まかなことだけにしておこう。しかし，大変重要なところでもあるため，あとは各種文法書でかならずしっかり復習しておいていただきたいと願うのである。

先の文（直説法＝**been**），

　　She ***talks*** as if she has ***been*** here before.

を過去時制にかえてみる。すると，直説法現在（***talks***）

が直説法過去（***talked***）に，直説法現在完了（***been***）が直説法過去（***was***）あるいは直説法過去完了（***been***）になり，

 She ***talked*** as if she ***was*** here before.

 She ***talked*** as if she had ***been*** here before.

という二つの文が成立する。これを「時制の一致」という。

 これにたいして，仮定法過去完了（***been***）の文，

 She ***talks*** as if she had ***been*** here before.

を過去時制にかえてみると，直説法現在（***talks***）だけが直説法過去（***talked***）にかわるだけで，

 She ***talked*** as if she had ***been*** here before.

仮定法過去完了（***been***）の時制には変化がない。つまり，「直説法と仮定法の間には，時制の一致がない」のである。この規則は，仮定法過去，仮定法過去完了，仮定法未来，仮定法現在，つまりすべての仮定法について適用される重要な規則である。これを機会に，（しつこいようだが）各種文法書でかならずしっかり復習しておいていただきたいと思うのである。

 She ***talked*** as if she ***was*** here before.

 She ***talked*** as if she had ***been*** here before.

 She ***talked*** as if she had ***been*** here before.

という3つの文，とくに最後の二つについては細心の注意をはらいながら発話しなければならない。超級か超級でないかは，ここで決まるといっても言いすぎではないだろう

(といってもよいかもしれない……)。それほど重要なところなのである。しっかり復習しておこう。

主語に仮定法の意味をにじませて，スッキリと

「バカね。そんなことして。」
を英語にすると，

What a fool (he *is*) to do such a thing!

He should have **known** better than to do such a thing.

でよい。上は直説法（*is*），下は仮定法過去完了（**known**）を使っていった文である。

ここでは，少し角度をかえて考えてみよう。

結論からいこう。

A man of common sense wouldn't **do** such a thing.

A man of common sense wouldn't have **done** such a thing.

など，仮定法過去（**do**），仮定法過去完了（**done**）を使いながら，それぞれ主語（A man of common sense）に何らか仮定法の意味（＝**感情**）をふくませた文を考えてみようと思うのである。

ここでは仮定法過去完了をあつかっている。そこで後者，仮定法過去完了（**done**）を使った文に焦点をあてることにしよう［ただし，前者，仮定法過去（**do**）を使っ

た文については，段落の外で並行して解説する]。

まず，もとになる複文を考えてみよう。

　　[If he **had** common sense, he would **refrain** from doing such a thing.

　　If he **had** common sense, he wouldn't **do** such a thing.

　　If he didn't **lack** common sense, he would **refrain** from doing such a thing.

　　If he didn't **lack** common sense, he wouldn't **do** such a thing. ⑳′

という4つの複文から考えてみよう]

If he had **had** common sense, he would have **refrained** from doing such a thing. [63]

If he had **had** common sense, he wouldn't have **done** such a thing.

If he hadn't **lacked** common sense, he would have **refrained** from doing such a thing.

If he hadn't **lacked** common sense, he wouldn't have **done** such a thing. ⑳

という4つの複文から考えてみよう。主節と副詞節の関係が，上から順番に「肯定＋肯定」，「肯定＋否定」，「否定＋肯定」，「否定＋否定」となっている。ただし，前にも述べ

---

[63] ただし条件節に仮定法過去を置き，If he **had** common sense, he would have **refrained** from doing such a thing. という複文を基本に4つ考えてもかまわない。

たとおり,

1) 文が基本的に（少なくとも）4つできる。
2) どの文もすべて同じ意味である。

ということである。

さて，ここでは最後の複文（⑳）を例にとって考えることにしよう［ただし，段落の外では⑳′を例にとって考える］。

副詞節の仮定法トル。If トル。主節の主語を置きかえる

[If he didn't **lack** common sense, he wouldn't **do** such a thing. ──────── ⑳′

の副詞節（条件節）にある仮定法過去（**lack**）をトッてしまおう。すると接続詞（If）が不要になる。つぎに主節の主語（he）を A man of common sense に置きかえる。すると,

A man of common sense wouldn't **do** such a thing.

という文が成立する。つまり，主語（A man of common sense）に，もとの副詞節（条件節）にあった仮定法過去（**lack**）の意味（＝**感情**）をふくませたのである。］

If he hadn't **lacked** common sense, he wouldn't have **done** such a thing. ──────── ⑳

の副詞節（条件節）にある仮定法過去完了（**lacked**）をトッてしまおう。すると接続詞（If）が不要になる。つぎ

に主節の主語（he）を A man of common sense に置きかえる。すると，

 A man of common sense wouldn't have **done** such a thing.

という文が成立する。つまり，主語（A man of common sense）に，もとの副詞節（条件節）にあった仮定法過去完了（**lacked**）の意味（＝**感情**[64]）をふくませたのである。

副詞句に仮定法の意味をにじませて，スッキリと

 「今さらそんなこといわれても，できっこないでしょう。」

これを英語でいってみよう。

 It'**s** too late．I can't **do** it now.

 It'**s** too late to do it now.

という直説法（**is**, **do**）をふくむ文でいってよい。ただし，前にも述べたとおり，直説法には味気ない（plain, blunt）ところがある。そこでこれを仮定法（polite, tactful）をふくむ文に置きかえることにしよう。

 その前に，上の文は動詞を仮定法に置きかえる条件がととのっているであろうか。直説法を使った上の文には感情

---

[64] 「バカね。本当に！」という困惑あるいは怒りに似た感情が隠されていると考えてよいだろう。

がふくまれているであろうか。まず,これをたしかめておこう。

　副詞(too)がある。「苛立ち」あるいは「怒り」に似た感情がすでにふくまれている。ということは,直説法(**is**, **do**)を仮定法に置きかえてよいという条件がととのっているということである。

　それでは,仮定法に置きかえてみよう。

　　It's too late.　I couldn't **do** it now.　😠

という仮定法過去(**do**)をふくむ文でよい。先の直説法(**do**)をふくむ文では「苛立ち」「怒り」の感情が直接でてしまったのであるが,上の仮定法過去(**do**)ではその感情が隠れている。つまり,間接的にしか表現されていないところに奥ゆかしさがあるのである。

　さて,ここでは仮定法過去完了をあつかっている。そこで,上の文(It's too late.　I couldn't **do** it now.)にある仮定法過去を仮定法過去完了に置きかえた文を考えようと思うのである。

　まず,もとになる複文から考えよう。

　　If you had **asked** me ten years ago, I would have **done** it. ─────── ㉑

　　If you had **asked** me ten years ago, I certainly wouldn't have **declined** to do it.

　　If you hadn't **waited** to ask me till now, I would have **done** it.

　　If you hadn't **waited** to ask me till now, I certainly

wouldn't have **declined** to do it.

という4つの複文が考えられる。ここでも（しつこいようだが，同じことを繰り返しくりかえし！）主節と副詞節の関係が，上から順番に「肯定＋肯定」，「肯定＋否定」，「否定＋肯定」，「否定＋否定」となっている。ただし，

1) 文が基本的に（少なくとも）4つできる。
2) どの文もすべて同じ意味である。

ということである。

さて，ここでは最初の複文 ㉑ を例にとって考えてみることにしよう。

> ... **asked** .... をトル。Ifをトル。ただし，副詞句を残す

まず，

If you had **asked** me ten years ago, I would have **done** it. ㉑

の副詞節（条件節）にある仮定法過去完了（**asked**）をトッてしまおう。すると接続詞（If）が不要になる。ただし，

... I would have **done** it.

だけでは（正規な）文として成立しない。時をあらわす副詞あるいは副詞句（time expression）が欠如するからである。[65] そこで，もとの副詞節にある副詞句（ten years

---

[65] time expression として副詞，副詞句，副詞節の3つが有効であるが，ここでは最後の副詞節を排除しようとしているため，これを除外して考える。

ago）をそのまま生かす。すると，

　　Ten years ago, I would have **done** it.

という文が成立する。つまり，この文では副詞句にもとの副詞節にあった仮定法過去完了（**asked**）の**感情**[66]をふくませているのである。

　すべて，どんどん会話でつかってみよう。きっときっと会話がこれまで以上に楽しくなる。約束しておこう。

---

[66]「今さら！」という困惑あるいは怒りに似た感情かもしれない。「ごめんなさいね」という優しさをふくむ感情かもしれない。何らかの感情（＝意味）が隠されている。

第5章　仮定法未来

やんわりとした口調で提案ができるよう

　超級であるか超級でないかを左右する一因が**感情移入**の方法による違いである。音調（tone / tone of voice）[67] により感情を移入する。これも超級であるが，言葉そのものを使っておこなう感情移入の違い。これもその一因である。

　（ここに至り，いうまでもないことではあるが）言葉そのものをつかって感情移入をおこなうには二つ方法がある。一つは直説法（命令法をふくむ）という動詞を使っておこなう感情移入，もう一つが**仮定法という動詞を使っておこなう感情移入**である。

　ところで，「〜しなさい」という日本語を英語に置きかえていおうとすれば，直説法にしろ仮定法にしろ，いろいろな文体でいうことができる。これについては，これまでいろいろ例をあげてきた。

　さて，さらによく考えてみると，「〜しなさい」という言葉はようするに「提案」にほかならない。提案を命令口調でおこなっているのか，やんわりとした口調でおこなっているのかの違いにすぎない。ようするに提案をおこなうときの口調。この差が重要なのである。じつは，これが超級であるか超級でないかの大きな分かれ道といってよいだろう［**52-53**頁参照］。

---

[67] 拙著『忘れさられた英語の抑揚』（ESC 出版）を参照されたい。

本章（仮定法未来）および次章（仮定法現在）では，「提案」（というと大まかすぎるのではあるが）という概念を中心に考えていきたいと思っている。

脅しは脅しでも口調がちがう。そこが重要！

　　You should **be** quiet.
　　You ought to **be** quiet.
という文について考えよう。本書では，この文にふくむ仮定法（**be**）を仮定法未来として考えたい。ところで助動詞は should, ought (to) のどちらでもかまわない。本書では前者の should を用いて考えよう。

　　You shall **be** quiet.
という文にある直説法（**be**）について，助動詞（shall＝この場合，話者の意志）を過去時制にし，「話者の意志」ではなく「提案」としてやんわりいったのが，

　　You should **be** quiet.
という仮定法未来（**be**）をふくむ文なのである。つまり，

　　「いつまでもそんなことなら，こちらから無理やりにでも静かにさせますよ。」

　　You shall **be** quiet (if you are to **continue** to behave like that).
という脅しから，

「面倒なことにならないよう、静かにしておかれるのがよろしいのではないでしょうか。」

You should **be** quiet (if you were to **avoid** / **eschew** trouble at a later time).

という、やわらかい口調の「提案」に置きかわったのが先の You should **be** quiet. なのである。

どちらも、ようするに同じことをいっている。仮定法未来（**be**）を使った文にしろ考えようによっては、脅しそのものなのである。しかし、口調[68]がちがう。そこが重要なのである。

基本は未来をいうから仮定法未来

ところで順序が逆になってしまったようだが、通常、つぎのような内容の文において用いられる仮定法を仮定法未来という。これを考えておこう。

「明日、（万が一）雨天の場合は順延いたします。」
これを英語でいってみよう。

The sports meeting will be ***postponed*** if it ***rains*** tomorrow. ㉒

The sports meeting will be ***postponed*** if it should **rain** tomorrow. ㉓

---

[68]「口調」がちがう。つまり、そこに隠されている感情（＝意味）がちがうのである。

The sports meeting would be **postponed** if it should **rain** tomorrow. ㉔

主節の助動詞をかえれば他にもいろいろ文章ができるのであるが,[69] とりあえず上の3つで考えておこう。

㉒の複文では直説法（***postponed***）+直説法（***rains***），㉓の複文では直説法（***postponed***）+仮定法未来（**rain**），㉔の複文では仮定法未来（**postponed**）+仮定法未来（**rain**）という組み合わせになっている。

㉒の複文では，副詞節の動詞が直説法であることから「明日雨がふるという可能性を高く考えている」。また主節の動詞が直説法であることから「その場合には90％くらいの高い確率（will）で順延になることを示唆している」。

㉓の複文では，副詞節の動詞が仮定法であることから「明日雨がふるという可能性を仮説という低い範ちゅうで考えている」。ただし，主節の動詞が直説法であることから「（雨がふるということは考えにくいのではあるが）その場合には直説法の範ちゅうで，それも90％という高い確率（will）で順延することを示唆している」。

㉔の複文では，副詞節の動詞が仮定法であることから，上と同様，「明日雨がふるという可能性を仮説という低い範ちゅうで考えている」。さらに主節の動詞も仮定法であ

---

[69] shall, will, may, can, should, would, might, could など助動詞を置きかえることで，それぞれ意味が異なってくる。ただし，本書では助動詞を深くあつかわない。

ることから「雨がふった場合には高い確率で順延するが，現在の天候あるいは天気予報からして，明日雨がふるとは考えられないことを示唆している」。㉔の複文では，ようするに

「明日の天気は大丈夫ですよ。雨はふりませんから。」
といっているのである。[70]

それぞれ役割がちがう should を意識して会話する

ここでもう一度，

The sports meeting would be **postponed** if it should **rain** tomorrow. ㉔

という複文について考えてみよう。

現在，主節には助動詞 would が使われている。これを should という助動詞に置きかえてみよう。

The sports meeting should be **postponed** if it should **rain** tomorrow.

という文になる。

ここで注目しなければならないことは，主節にある助動詞 should と副詞節（条件節）にある助動詞 should は役割が異なるということである。前者の should は ought (to) に，後者の should は were (to) という助動詞に置き

---

[70] ㉔の複文につき，仮定法未来（**postponed**, **rain**）に隠されている感情（＝意味）は「天気でよかったね」という喜びの感情であろう。

かえて,

   The sports meeting ought to be **postponed** if it were to **rain** tomorrow.

といってもよい。ただし，逆の置きかえは成立しない。逆が成立しないということは，それぞれ should の役割が異なるということなのである。

　前者の should（＝ought (to)）はつぎに来る動詞を「提案」の意味にする役割の助動詞，後者の should（＝were (to)）はつぎに仮定法未来を導く役割の助動詞なのである。

　それぞれの役割をきちんと整理整頓しておこう。

　なお実用英語においては，それぞれの役割につき，前者は「べき」，後者は「万が一」という，いわゆる"訳"とよばれるもので思考するのではないことに注意されたい。

日頃から会話で訓練しておく倒置文

ふたたび,

   The sports meeting would be **postponed** if it should **rain** tomorrow.　　　　　　　　　　　　　　　　㉔

という複文にもどって考えよう。

```
    ... if ....  ⟶  トル  ⟶  倒置する
```

接続詞（if）をトッてしまおう。つぎに倒置する。ただ

し，この文の場合には助動詞（should）を前にだすことにより倒置したという。そこで助動詞（should）を前にだして発話したときの複文が，

　　The sports meeting would be **postponed** should it **rain** tomorrow.

あるいは，前にだす助動詞を were (to) に置きかえて，

　　The sports meeting would be **postponed** were it to **rain** tomorrow.

でもよい。この文体はよく使う。とくに前者はよくつかうので日頃から会話でも使う練習をしておいていただきたいと思っている。

感動しながら notice する。これがコツ

ところで，最近の『実用英語技能検定試験準一級』（日本英語検定協会）の試験問題に，アメリカ人についてつぎのような文章がのっていた。紹介しておこう［ただし，番号，下線，イタリック体，太字は筆者］。

Sales tactics, like advertising, reflect aspects of the basic assumptions and values that prevail in a country. By carefully listening to salespeople who are actively trying to sell them something, visitors to the United States can enlarge their understanding of the way Americans perceive and think about things. Common sales tactics include trying to make the buyer feel sympathetic toward the seller; trying to make a male buyer feel that his masculinity is at issue when he is considering buying something, and that (1)he will **be** less manly in some way should he not **make** the purchase; trying to make a female buyer believe that (2)her attractiveness in the eyes of males will be **enhanced** by a particular purchase; placing a premium on a rapid decision to buy, with the idea that (3)the opportunity to make the purchase will soon be **gone**; and trying to make the buyer believe that (4)a particular purchase would **be** "wise," an example of the buyer's cleverness and foresight.

Two phenomena that startle some foreign visitors are those of the telephone solicitor and the door-to-door salesperson. Salespeople will telephone a person's home or just appear unannounced at the door and attempt to sell something to the occupant. Foreign visitors may need to realize they are not obligated to be courteous or attentive to such people. They need not be discourteous, but they can interrupt the salesperson, state that they are not interested and hang up the telephone or close the door.

下線を引いた文（1, 2, 3, 4）の中に，仮定法未来をふくむ倒置が隠れている（2, 3, 4）。それを考えておくことに

しよう。

　… he will **be** less manly … should he not **make** the purchase. ―――(1)

　… her attractiveness … will be **enhanced** (should a particular purchase be **made**). ―――(2)

　… the opportunity … will soon be **gone** (should the purchase not be **made**). ―――(3)

　… a particular purchase would **be** wise (should one be **made**). ―――(4)

とくに下3つ (2, 3, 4) については，（　）内の倒置が省略されているのである。ただし，上 (1, 2, 3, 4) の文のままであると，（　）内の仮定法未来がすべて **made** になり，文章が単調になってしまう。そこで，その単調さを排除する目的で各文にいろいろ変化を加えているのが本文中の文章なのである。

（少しややこしいところがあるかもしれないが）そこのところをもう少しみておこう。

---

made をトル。副詞節を副詞句に置きかえる

---

(2)の文について，

　… (should a particular purchase be **made**).

にある仮定法未来 (**made**) を，まずトル。つぎに，副詞節の主語 (a particular purchase) を副詞句 (by a particular purchase) に置きかえて，

... her attractiveness ... will be ***enhanced*** by a particular purchase.

とする。つまり、副詞節 (by a particular purchase) の中に仮定法未来 (**made**) の**感情**[71]を隠しているのである。

> **made** をトル。主格に仮定法の**感情**を組みこむ

(3)の文について、

　... (should the purchase not be **made**).

にある仮定法未来 (**made**) を、まずトル。つぎに、形容詞的用法の不定詞 (to make the purchase) を主格につけ加え、

　... the opportunity to make the purchase will soon be gone.

とする。つまり、形容詞的用法の不定詞 (to make the purchase) の中に仮定法未来 (**made**) の**感情**を隠しているのである。

> **made** をトル。主格に仮定法の**感情**を組みこむ

(4)の文について、

　... (should one be **made**).

---

[71]「買っていただきたい」という願望に似た感情（＝意味）が隠されていると考えてよいだろう。

にある仮定法未来（**made**）を，まずトル。もともと主語を a particular purchase としているわけだから，そのまま，

　　... a particular purchase would **be** wise.

とする。つまり，主格（a particular purchase）の中に仮定法未来（**made**）の感情を隠しているのである。

　プロの画家がお描きになった絵はすばらしい。あらゆる面で感動するものである。同様に，超々々級（highly educated native speakers）の方が話される（書かれる）文はすばらしい。これは英語を母国語とする方々とはかぎらない。日本語においても超々々級の方々が話される（書かれる）日本語はすばらしいのである。

　つねに**感動する心**でもって接することが必要なのである。知っていたこと知らなかったこと，すべてについて感動しながら notice する。これが，上達への秘訣なのである。

第6章 仮定法現在

仮定法現在もしょっちゅう会話で使っている

「仮定法現在など，会話で使うのですか。」
と聴いてくる人がたまにいる。もちろん会話で使っているのである。それも，よく使う。ただ，もしかすると notice できていないだけなのかもしれない。

辞書で notice という言葉を調べてみよう。

> notice ＝ to see or hear sb/sth; to become aware of sb/sth

であると定義してある。「目でみてわかる」のであるが，前にも述べたとおり，「目でみたものを音として聴いてわかる」，つまり「わかったことを意識（to become aware of ...）する」ことなのである。

仮定法現在だけとはかぎらない。仮定法過去にしろ，仮定法過去完了にしろ，仮定法未来にしろ，仮定法とはすべて一瞬のうちに会話の中で使われている。その一瞬を聞きのがしてはならないのが実用英語なのである。

常日頃より，一瞬のうちに使われる仮定法（現在をふくむ）を聞きのがさないように，notice できるように訓練しておくことが肝要である。また，それを notice したときには，感動の心でもって超学習し，いつまでも意識しつづけていただきたいと思うのである。

should をトル。それが仮定法現在の基本である

「静かにしなさい。」

Be quiet.

Please **be** quiet.

これはこれでよい。ただ，いずれも直説法（**Be**, **be**）であるから，Please という副詞があろうとなかろうと，命令文[72]であるかぎり，これ（**Be**, **be**）はこれなりに仮定法に置きかえる条件がととのっているわけだ。つまり，命令文で使われている直説法（命令法）に，それなりの感情がふくまれているからである。

仮定法にしてみよう。

I would **appreciate** it if you should **be** quiet.

I would **appreciate** it if you should not **make** so much noise.

という複文を二つ考えてみよう。

```
... appreciate ....  ──────▶  直説法
```

まず，仮定法未来（**appreciate**）を直説法に置きかえる。いろいろ置きかえることのできる直説法はあるけれど，ここではとりあえず直説法に **suggest** という動詞を使うことにしよう。

---

[72] 動詞に命令法を用いた文章を命令文という。

> if をトル。that に置きかえる。should をトル

仮定法未来（**appreciate**）をトルわけだから，接続詞（if）は不要である。かわりに接続詞（that）を使う。最後に，助動詞（should）をトル。[73] こうして，

　　I *suggest* (that) you **be** quiet.

　　I *suggest* (that) you not **make** so much noise.

という複文が二つ成立する。ところで，ここで使われている仮定法（**be**, **make**）を仮定法現在というのである。

ただし，置きかえることのできる直説法はほかにもいろいろある。

I	*suggest*	(that)	you **be**[74] quiet.
	demand		you not **make** so much noise.
	insist		
	recommend		
	propose		
	ask		
	request		
	advise		
	require		

まあ，これくらい知っておいていただければ実践でかなり役立つことだろう。もちろん，これ以外にもいろいろ直

---

[73] この場合の should は置いたままでもかまわないのであるが，トルのが仮定法現在の基本形と考えるのがよいだろう。

[74] 直説法がどれであれ，「静かにしなさい」という苛立ち，あるいは怒りの感情が隠されているといってよいだろう。

説法があるはずだ。しかし，どうしても思い出せないのである。各種文法書で調べていただくことにしておこう。

見えない聞こえない。しかしshouldはshould

ところで，上では副詞節の中の should をトルといってきた。ここでは主節の中の should をトルという観点からの仮定法現在を考えてみることにしよう。

You should **be** quiet.

You shouldn't **make** so much noise.

について，これは副詞節を省略したものであると考えてよいと前に述べた［145-146頁参照］。

ここでは，この二つの文につき，それぞれに直説法をつけ加えることにしよう。

> 直説法＋thatでつなぐ。shouldをトル

ようするに上の文の前に直説法を用いた主節を置き，これの名詞節として上の文をつけ加えるというやり方である。その場合，接続詞には that を用いる。そして，助動詞（should）を省略するのである。それだけのことだ。

すると，

I *suggest* (that) you **be** quiet.

I *suggest* (that) you not **make** so much noise.

という複文が成立する。そして，ここでも **be**, **make** とい

う二つの動詞を仮定法現在とよぶのである。なお，直説法（***suggest***）にかわる動詞は158頁と同様である。

ところでこれは何を意味するのだろう。

もと副詞節にあった should と，もと主節にあった should は，それぞれ役割がちがうといった。どちらの should を省略したかは別として，いずれにしても should が見えない，聞こえない状態になっているだけのことである。見えないが，聞こえないが should を使って発話していることと同じことなのである。当たり前のようなことなのだが，そもそも should（だけではないのだが）を使って丁寧に提案できる運用能力を超級というのである。ただそれだけのことなのであるが，それがじつは重要なのである。

見える should，聞こえる should を使ってみよう。同時にまた，見えない should，聞こえない should も使い，どんどん聴者に提案する練習を日頃からおこなっていただきたいのである。

どんなときも口調がやさしい仮定法現在

I ***suggest*** (that) you **be** quiet.

I ***suggest*** (that) you not **make** so much noise.

について，さらに考えよう。

上の文では直説法に ***suggest*** を用いた例である。ここ

では直説法（**is**）を使って考えることにしよう。

```
It を主語にする。形容詞をつける。that でむすぶ
```

　まず主語に人称代名詞（It）をとる。主格補語に形容詞を用いる。最後に接続詞（that）でむすぶ。ただそれだけのことである。ここでは主格補語の形容詞に important を用いることにしよう。

　It ***is*** important that you **be** quiet.

　It ***is*** important that you not **make** so much noise.

名詞節の中の you を he に置きかえよう。

　It ***is*** important that he **be** quiet.

　It ***is*** important that he not **make** so much noise.

すべて仮定法現在（**be**, **make**）をふくむ複文である。超級レベルで用いる会話文なのである。

　ところで，この文体については名詞節の中を直説法に置きかえてもかまわない。

　　It ***is*** important that｜you ***become*** quiet.

　　　　　　　　　　　　　　｜you do not ***make*** so much noise.

　　　　　　　　　　　　　　｜he ***becomes*** quiet.

　　　　　　　　　　　　　　｜he does not ***make*** so much noise.

それぞれがきちんとした複文として成立している。ただ，直説法とは，（しつこいようだが）何らかの感情（おそらく命令に似た感情）がそのまま直接表面にでている

(plain, blunt) 動詞なのである。

これにたいして先の文には仮定法現在が用いられている。何らかの**感情**（おそらく命令に似た感情）を**隠しながら**間接的にやんわり（polite, tactful）聴者につたえようとする動詞が用いられている文なのである。

この差をしっかり認識しながら会話で使い分けていただきたい。

なお，important と置きかえてよい形容詞はほかにもいろいろある。「願望」「感情」「提案」「要求」などをあらわす形容詞である。

It *is*	important	that	you **be** quiet.
	necessary		you not **make** ....
	essential		he **be** quiet.
	advisable		he not **make** ....
	desirable		
	vital		
	pertinent		
	imperative		
	advantageous		

まあ，これだけ覚えておくと実践では役に立つ。その他の形容詞については，これも各種文法書で研究していただくことにしておこう。

規則や命令も仮定法現在でやさしくいおう

前頁では直説法（***is***）の主語に人称代名詞（It）を置いた。ここでは仮の主語ではなく，本当の主語に置きかえた複文を考えてみることにしよう。

> The rule is that＋仮定法現在

主語に The rule .... を置いてみよう。

The rule ***is*** that | you **be** quiet.
| you not **make** so much noise.
| he **be** quiet.
| he not **make** so much noise.

という複文が成立し，仮定法現在（**be**, **make**）が用いられている。この文体も上のレベルの会話ではよく使う。しっかり研究しておこう。rule にかわる名詞をつぎに列挙しておこう。

The | rule | ***is*** that | you **be** quiet.
| order | | you not **make** ....
| decree | | he **be** quiet.
| mandate | | he not **make** ....
| verdict |
| judgment |
| regulation |

「規則」「命令」「判決」「依頼」などをあらわす名詞であ

る。まあ、これだけ覚えておくと実践でかなり役に立つ。その他の名詞については、これも各種文法書で研究していただくことにしておこう。

祈りの言葉に仮定法現在。これもよく使う

　　Children, ***be*** quiet.
　　Children **be** quiet.
という二つの文について考えてみよう。
　直説法（***be***）は命令文である。
　　「皆さん、静かにしなさい。」
という声がどこかから聞こえてきそうである。
　下の文には仮定法現在（**be**）が使われている。
　　「神さま、どうかこの子どもたちが静かにしてくれますようにお祈りいたします。」
という祈りの文なのである。
　　「よかったですね。」
という言い方に、
　　God **bless** you.
というのがある。これは「神さま、どうかこの方にお恵みをお与えになってください。」という祈りの言葉なのである。それが日常的に使われるようになったというわけである。
　ここで、God **bless** you. という文が成立する理由を考

えてみることにしよう。[75]

I'd **be** happy if God should **bless** you.

という文が原形である。ここには仮定法未来（**be**, **bless**）が使われている。

---
be をトル。if をトル。倒置する。should をトル

まず，主節にある仮定法未来（**be**）をトル。すると接続詞（if）が不要となるため，これもトル。すると，

... God should **bless** you.

という節が残る。これはこれなりでよいのだが，これでは神にたいして，（やんわりとした口調ではあるが）命令しているのにほかならない。（いくらやんわりとした口調であっても）人間が神にたいして命令することがあってはならないのである。

そこで倒置する。上の節の場合は should を前にだし，それでもって倒置したこととする。すると，

Should God **bless** you.

という文章が成立する。ただし，ここでの仮定法は仮定法未来ではないかと考えている。[76] これが祈りの言葉である。なお通常は，助動詞 should を省略し，

---

[75] Boys **be** ambitious. にしろ，Japan **open** the market. にしろ，Children **be** quiet. にしろ，文成立の経緯はすべて同じである。

[76] このあたりの区別がはっきりしないため，（本書では仮定法未来を別個第5章で取りあつかってはいるが）小生は通常，仮定法未来を仮定法現在の中に組みこみ，仮定法全体を取りあつかっている。

God **bless** you.

という。この時点で上の仮定法が仮定法現在（**bless**）になったのである。

ところで，これとよく似た文章に，

May God *bless* you.

という文がある。これは直説法（*bless*）による祈りの言葉である。God **bless** you. のように，日常的に用いる言葉ではない。なお，これは，

I *pray* that God may *bless* you.

という文中で直説法（*pray*）および接続詞（that）を省略し，

... God may *bless* you.

というもとの節を倒置という経緯から，

May God *bless* you.

として成立した祈りの文である。なお，この文における助動詞（May）は省略してはならない。[77]

仮定法現在使ってみよう。奥が深くなる

ところで，本章のはじめにもお話ししたことであるが，上（超級）のレベルでは仮定法現在も会話でよく使う。も

---

[77] May God *bless* you. の May を省略して God **bless** you. となったという人がいるようであるが，それは間違っている。もともと動詞の性格（mood）が異なるからである。

ちろん，当初は上級[78]をめざして学習していただくのが最適なのではあるが，だからといって超級のレベルを学習しないということであってはならない。食事をする上において，あらゆる栄養素を摂取しなければならないのと同様に，実用英語においては上級の学習のみならず，超級の分野における学習も怠ることのないようにしていただきたいと思うのである。

　仮定法現在も会話でよく使う。どんどん使っていただきたい。これまで以上に奥の深い英語会話が楽しめるのである。

---

[78] 上級については，別の機会に詳しく解説したいと考えている。

あとがきにかえて

これを機会に，さらに上をめざしてお励みいただきたい

　日常会話とは，私たちが日常生活の中で会話に使っている言葉である。専門的知識がなく，あれこれ話題にしながら多くの人と会話を楽しんでいるわけであるが，そこでおこなわれる会話を日常会話とよんでいる。この日常会話を専門に思考する英語を実用英語とよんでよいだろう。

　実用英語とは，けっして特殊な世界の英語ではない。私たちが日頃使っている日本語を"実用日本語"とよんだとしよう。聞き慣れない言葉である。じつは英語の世界においても，"実用英語"という言葉は"実用日本語"と同じような響きのある言葉なのであるが，（近隣諸国においてもそうなのかもしれないが）日本では"受験英語"という英語が存在している。そこでこれと区別する意味で「実用英語」とよんでいるだけのことである。実用英語とは，ようするに日常会話のことなのである。

　本論でも述べてきたとおり，国際基準では日常会話の運用能力を，上から超々々級，超々級，超級，上級，中級，初級という6段階に分類してレベルを分けている。本書であつかってきた仮定法とは，6段階の中間にあたる超級というレベルの話題であった。

英語を母国語とする方々（超々々級の方々）からみれば超級といっても，じつは「ふつう」という評価にあたるレベルなのである。しかし，私たち外国人からすれば「ふつう」というレベルがとてつもなく高いレベルなのである。

とてつもなく高いレベルなのであるが，少しでも「ふつう」というレベルに近づきたい。近づいていただきたい。また，超級になっていただきたい。そう願いつつ記したのが本書であった。

仮定法とは，超級という高いレベルの話題であるから少しわかりにくいところがあったかもしれない。ときとして，大きなおおきな発想の転換をもとめられることがあったかもしれない。戸惑いをお感じになるときもあっただろう。しかし，またそれだけ高いレベルの話題であるからこそ学習し甲斐のある話題であったのではなかろうか。できれば，またもう一度本書を読みなおしていただければと思うのである。さらには，これを機会に超級全般にわたり，さまざまな角度から実用英語（日常会話）を研究されることを期待してやまない。

なお，小生の教室ではホームページを開設しているが，ここには多くの方々から英語に関する質問が多数よせられており，[79] すべての質問につき回答を公開させていただいている。よければ，これも参考にしていただければと思うのである。

---

[79] http://www.esc-tn.co.jp 「学院長とのE-対話」を参照いただきたい。

最後になったが，本書を書くにあたり多くの方々のお知恵を拝借しご協力いただいた。英文の校正および助言をいただいた米国人 Douglas Augustine 氏，カナダ人 Ronny Carroll 氏，著者のつたない日本文の推敲に貴重な時間を費やし，またコンピュータによるイラストの作成および編集作業にも貴重な時間を費やしていただいた日高節子さん，出版に際し全面的に協力いただいた開拓社取締役出版部長山本安彦氏には感謝してやまない。末筆ながら，心より御礼申し上げる。

　2003 年 7 月

著　者

付録

著者との「仮定法あれこれ」対談

日高：「仮定法」とは入試や試験向きというイメージがあり，実際に使うことはないと思っていましたが，日常的にしょっちゅう使われると知りショックを感じました。では，初心者が英語を話すとき「本来，仮定法を使うべきところ，直説法でしか言っていなかった」ということになるのでしょうか。それならば，かなり，本心とかけ離れた表現になっているということですね……。

西田：直説法という動詞を中心に対話するレベルを中級といいますが，それはそれなりにかまいません。感情までは伝わりにくいところがあるかもしれませんが，私たちのような外国人と話しなれている母国人の方々はsympathetic listeners であることが多く，それなりに感情を理解していただけます。ただ，**仮定法という動詞が使えるようになると感情を隠しながら，それでいて感情を伝達できる**という上のレベルの対話を楽しむことができるようになります。

日高：仮定法の仕組みがだんだんわかってきました。これから実際に使っていきたいと思いますが，考えるのに少し時間がかかり，なかなかさらりと口から出てこないと思います。時間がかかってでも仮定法を使って話

す練習をした方がいいのでしょうか。

西田：時間がかかってもかまいません。母国人の方々は待ってくださいます。**どんどん仮定法を使って会話を楽しんでみてください。**

日高：今回しみじみ思ったことは，これまで理解していたと思っていたことが，実は本当には理解できていなかったということです。しかも，「表現」において最も大切な「感情」を理解できていなかったという事実です。学習者にとってこれはすごく大きなショックですが，これから気をとり直してきちんと感情の細微にわたるまで表現できるようにがんばりたいです。

西田：何が最も大切なのかについては話者の口語英語運用能力レベルにより異なるため，一概に「感情の表現」が最も大切であるとは言い切れないところがあります。また感情を〈細微にわたるまで表現できるように〉というところまでは即いかない部分があるかもしれません。でも，それを一つの大きな目標にして学習をおつづけください。つねに**上のレベルをめざして学習を継続していただきたい**と思っています。

日高：いろいろお聞かせくださいまして，ありがとうございました。

［著者］西田　透（にしだ　とおる）

1944 年　京都に生まれる
1970 年　大阪外國語大学卒業
1977 年　英語検定一級の部において，
　　　　文部大臣賞・一級全国最優秀賞受賞
1996 年　アメリカ合衆国財団法人　外国語教育審議会（ACTFL）
　　　　による「英語部門における OPI 公認試験官」試験に合格，
　　　　日本人で初めての OPI 公認試験官に就任
現　在　ESC 西田　透英語学院学院長，同主任講師
　　　　URL: http://www.esc-tn.co.jp

〈主な著書〉
『英語は冠詞だ』（開拓社）
『英語は超訳だ』（ESC 出版）
『ジス・イズ・ア・ペン――発声と意味と抑揚』（石風社）
『実用英語の論理』（石風社）
『忘れさられた英語の抑揚』（ESC 出版）

仮定法がわかれば，英語に奥ゆかしさがでる!!
英語は仮定法だ
An Introduction
to the Subjunctive Mood of English

著　者	西田　透
発行者	長沼　芳子
発行所	株式会社　開拓社
	〒101-0051　東京都千代田区神田神保町 2 丁目 5 番地 4
〈営業〉	〒113-0023　東京都文京区向丘 1 丁目 5 番 2 号
	Tel (03) 5842-8900　（代表）
	振替口座　00160-8-39587
印刷・製本	日之出印刷株式会社

© Tohru Nishida, 2003. 　Printed in Japan.
ISBN4-7589-1303-X C0082